Original illisible

NF Z 43-120-10

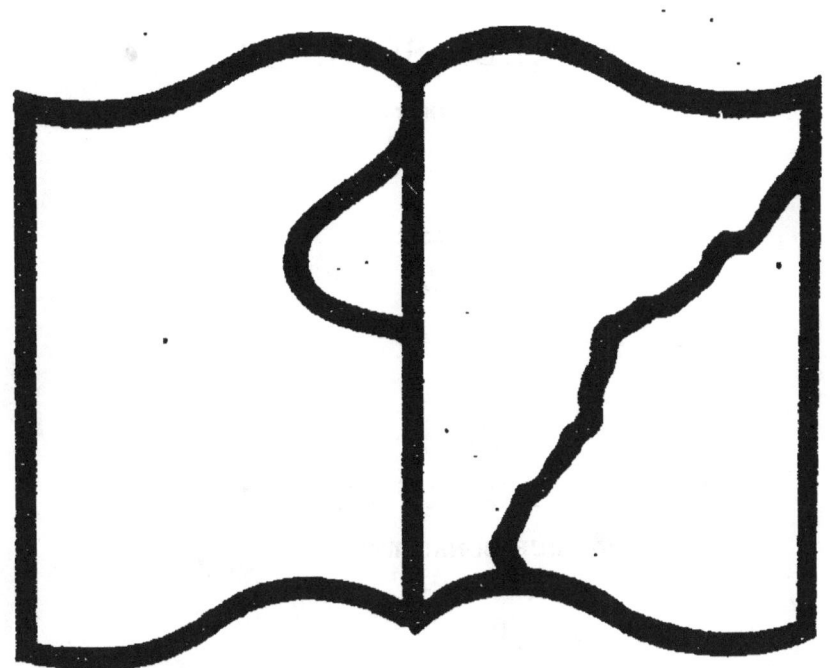

BIBLIOTHÈQUE DE VOYAGES ANCIENS

RELATION, DES VOYAGES

A LA

Côte occidentale d'Afrique

D'ALVISE DE CA' DA MOSTO

1455-1457

PUBLIÉE PAR

M. CHARLES SCHEFER

MEMBRE DE L'INSTITUT

PARIS
ERNEST LEROUX, ÉDITEUR
28, RUE BONAPARTE

1895.

BIBLIOTHÈQUE

DE

VOYAGES ANCIENS

CHARTRES. — IMPRIMERIE DURAND, RUE FULBERT.

RELATION DES VOYAGES

A LA

Côte occidentale d'Afrique

D'ALVISE DE CA' DA MOSTO

RELATION DES VOYAGES

A LA

Côte occidentale d'Afrique

D'ALVISE DE CA' DA MOSTO

1455-1457

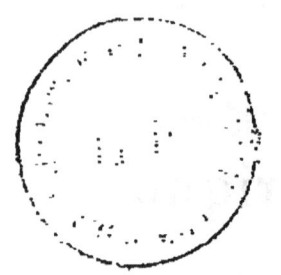

PUBLIÉE PAR

M. CHARLES SCHEFER

MEMBRE DE L'INSTITUT

PARIS
ERNEST LEROUX, ÉDITEUR
28, RUE BONAPARTE

1895

A MONSIEUR LE COMMANDEUR

NICOLÒ BAROZZI

TÉMOIGNAGE D'UNE ANCIENNE AMITIÉ

INTRODUCTION

L'ATTENTION publique se porte aujourd'hui avec passion sur le continent africain ; on accueille avec une grande faveur et on lit avec un vif intérêt tous les récits fournissant quelques détails sur des pays dont, naguère encore, les noms étaient complètement ignorés.

Il n'a donc pas semblé inutile de rendre aujourd'hui à la lumière les relations des navigateurs qui, dès le milieu du xve siècle et dans les premières années du siècle suivant, ont exploré les côtes de l'Afrique et révélé à leurs contemporains, avec des contrées jusqu'alors inconnues, les ressources qu'elles pouvaient offrir à l'activité commerciale des peuples chrétiens.

Il est hors de doute que, dès le xive siècle, des négociants dieppois avaient établi des comptoirs sur la côte de la Guinée et qu'ils s'y livraient à des transactions suivies. La guerre de Cent ans, en enlevant toute sécurité à la navigation dans la Manche et dans l'Océan

Atlantique, anéantit leur trafic et les contraignit d'abandonner leurs factoreries.

Aucun de ces marchands de Dieppe ne nous a laissé la description des lieux explorés par lui et c'est à un noble Vénitien, patronné par l'infant Dom Henri le Navigateur, que nous devons une relation nous donnant, vers le milieu du xve siècle, une notion exacte de la côte de Guinée.

Nous ne possédons que peu de détails sur la vie d'Alvise de Ca' da Mosto, en dehors de ceux qu'il nous donne lui-même dans le récit de ses deux voyages. Les bibliothèques et les archives publiques de Venise ont été vainement explorées à son sujet. Nous savons seulement qu'Alvise de Ca' da Mosto appartenait à une ancienne et opulente famille qui jouissait déjà au xiiie siècle d'une grande notoriété.

Son père, Giovanni da Mosto, était en 1439 provéditeur à Vérone, lorsque cette ville fut attaquée par les troupes du duc de Milan Jean-Marie Visconti. Il réussit, par une résistance énergique, à la conserver à la Sérénissime République. Il épousa Élisabeth Querini, fille d'un patricien de Venise, et trois fils, Alvise, né en 1432, Petro en 1450 et Antonio en 1452, furent les fruits de cette union. Alvise nous apprend que dès sa tendre jeunesse il navigua dans la Méditerranée et que, le 8 août 1454, il s'embarqua sur une des galères commandées par Marco Zen pour faire le voyage de Flandre. Il était alors âgé de vingt-deux ans. Il nous fait connaître, dans son récit, les circonstances dans lesquelles il fut présenté à l'Infant Dom Henri et les conditions qui lui furent faites pour entrer au service de ce prince. Il obtint de ce prince le commandement d'une caravelle, mit à la voile du cap Saint-Vincent le 20 mars 1455, et, avant d'arriver à la hauteur du cap Vert, il rencontra deux caravelles dont l'une était commandée par un noble Génois, Antonio de' Nolli, plus connu sous le nom de Uso di Mare, l'autre par un écuyer portugais attaché à la maison de Dom Henri. Ils naviguèrent de conserve jusqu'à l'embouchure de la Gambie et, ils auraient continué leur voyage de découverte, si la mutinerie des équipages ne les avait contraints de regagner le Portugal.

Alvise de Ca'da Mosto entreprit en compagnie de Uso di Mare son second voyage en 1457. La côte d'Afrique fut explorée par eux jusqu'à l'embouchure du Rio Grande et la hauteur des îles Bissagos. Une maladie qui se déclara à bord des deux caravelles mit un terme à ce voyage.

Alvise de Ca' da Mosto quitta le Portugal le 1er février 1463 pour retourner dans sa patrie.

Zurla, se fondant sur le témoignage de Marco Barbaro et de Priuli, nous dit que, deux ans après être revenu à Venise, Alvise de Ca' da Mosto épousa Élisabeth Venier. Le même auteur prétend qu'Alvise serait mort en 1477 à l'âge de quarante-cinq ans. Il base son assertion sur le passage d'un ouvrage manuscrit intitulé : *Vera origine della città di Venezia*. Il y est dit en parlant des gens qui se sont illustrés dans les lettres : « 1477, Alvise da Mosto, personnage ayant une très grande expérience des choses de la mer, a laissé la relation d'un voyage au Senega et en Ethiopie. » Sansovino, dans son ouvrage ayant pour titre : *Venetia città nobilissima e singolare,* dit que sous le principat du doge Moncenigo vivait Alvise de Ca' da Mosto, patricien, qui avec un zèle des plus remarquables a fait de belles découvertes maritimes et, à l'âge de vingt-deux ans, a poussé ses explorations jusqu'au port de Scussa dans l'Éthiopie.

Nous devons à Alvise de Ca' da Mosto, outre la relation de ses deux voyages, celle de la navigation de Pedro de Cintra, gentilhomme de la maison du roi Alphonse V. Elle lui fut dictée par un jeune Portugais qui avait, pendant ses deux voyages, rempli auprès de lui l'emploi de secrétaire et qui, après avoir suivi Pedro de Cintra, était venu le retrouver à Lagos où il résidait alors.

Alvise de Ca' da Mosto serait aussi, d'après Sansovino, l'auteur d'un portulan dont un exemplaire unique de l'édition originale est conservé dans la Bibliothèque de Saint-Marc. On lit à la fin de ce volume : « Finito lo libro chiamado portulano composto per un zentilomo veniciano lo qual a veduto tute queste parte antiscrite, le quale sono utilissime per tuti i navichanti, che voleno accuramente navichar, con lor navilj, in diverse parte del mundo. »

Je me bornerai à citer ce dernier ouvrage qui a eu dans le courant du XVIe siècle de nombreuses éditions et sur lequel M. Andrea da Mosto a donné les détails les plus complets dans le Bulletin de la Société géographique italienne des mois de juin et de juillet 1893.

La relation des voyages d'Alvise de Ca' da Mosto a paru dans les premières années du XVIe siècle et elle a été accueillie en Europe avec une grande faveur. Elle figure en tête du recueil de voyages formé par le cosmographe Alessandro Zorzi et qui, édité en 1507, à Vicence, par Montalbaddo Fracanzano, fut dédié par lui à Jean-Marie Anzolello. Elle débute par ces mots : *Incomenza el libro de la prima navigazione per loceano e le terre di Nigri de la Bassa Ethiopia per commendamento del illust. signor infante Don Hurich fratello de Don Dourth re di Portogallo.*

L'année suivante (1508), une traduction latine fut donnée par Archangelo Madrignani de l'ordre de Citeaux, abbé de Casevalo dans le Milanais, puis évêque d'Avellino dans le royaume de Naples. Elle forme la première partie de l'*Itinerarium Portugallensium e Lusitania in Indiam et inde in Occidentem et demum in Aquilonem*. Grynæus l'a placé dans son *Novus orbis* qui parut à Bâle en 1532 : *Aloyssii Ca da Musti navigatio ad terras incognitas Archangelo Madrignano interprete.* Une traduction française, œuvre de Mathurin du Redouer, licencié ès lois, a eu plusieurs éditions dans le premier quart du xvie siècle. Le lecteur en trouvera la liste plus loin. Une autre, plus exacte et d'un style plus correct, est due à la plume de Temporal et a paru à Lyon en 1556; elle est reproduite dans ce volume.

Enfin, nous connaissons deux traductions allemandes ; l'une a été imprimée à Nuremberg en 1508, l'autre dans le *Neue Welt* qui a vu le jour à Strasbourg en 1534.

Paesi. novamente retrovati et novo mondo da Alberico Vesputio florentino. (In fine.) *Stampato in Vicentia cū la impensa de Mgro | Henrico Vicentino : et diligente cura et indus | tria de Zānmaria suo fiol nel M.CCCCC VII | a di III di novembre cum gratiaet | privilegio.*

La relation d'Alvise de Ca' da Mosto se trouvant en tête de ce recueil; on lui a quelquefois donné le titre de *Mondo nuovo. Libro de la prima navigazione di Luigi de Cadamosto de la bassa Ethiopia ed altre cose.*

Paesi nuovamente ritrovati..... Stampato in Milano, con la impensa de Io. Jacobo et fratelli da Lignano et diligente cura et industria de Ioanne Angelo Sinzenzeler nel M.CCCCC VIII a di XVII de novembre.

Paesi novamente ritrovati..... Stampato in Vicentia cum la impensa de magistro Henrico Vicentino et diligente cura et industria de Z ā maria suo fiol nel M.CCCCC VIII.

Paesi novamente ritrovati..... Milan, 1512.

Paesi novamente ritrovati..... Milan, 1519.

Paesi novamente ritrovati per la nauigazione di Spagna in Calicut et da Albertutio Vesputio fiorentino intitulato Mondo Novo novamente impresso. Venetia per Zorzo de Ruscanj, Milanese 1521.

Itinerarium Portugallēsiū e Lusitania in Indiā et inde in occidentem et demum ad aquilonem. In fine. Operi suprema manus imposita et kalendis quintilibus. Ludovico Galliarum rege urbis inclite sceptra regente in anno M. D VIII (Milan).

Cette traduction latine a été réimprimée par Simon Grynæus, dans son *Novus orbis regnorum et insularum veteribus incognitorum*, Bâle, 1532, pages 1-75 et 1537.

Antoine Langelier en a publié une édition à Paris aux dépens de Jacques Petit et de Galiot Dupré.

Ramusio (Giov. Battista), *Navigazioni e viaggi raccolti da Giovani Battista Ramusio*. Venise, 1550, tome I, pages 104-124.

Une édition de quelques-unes des relations éditées par Ramusio a paru à Venise en 1837, sous le titre de : *Il viaggio di Giovan Leone e le navigazioni di Aloise de Ca' da Mosto, di Pietro di Cintra, di Annone, di un piloto portoghese, di Vasco di Gama quali se leggono nella raccoltà di G. B. Ramusio.*

[Traduction française.] *Sensuyt le nouveau monde et navigations faites par Emeric de Vespuce florentin des pays et isles nouvellement trouvez, auparavant a nous inconnuz translaté dytalien en langue francoise par Mathurin du Redouer. On les vend à Paris en la rue neuve Nostre Dame, à l'enseigne de l'escu de France.*

Le nouveau monde et navigations faictes par Emeric de Vespuce florentin : des pays et isles nouvellement trouvez auparavant à nous incognuz. Tant en l'ethiope et arabie, Chalecut et aultres plusieurs regions estranges. Translaté de italien en langue françoise par Mathurin du Redouer, licencié es loix. Cum privilegio regis. Imprimé à Paris, pour Galiot du Pré, marchant libraire demourant sur le pont Nostre Dame, à l'enseigne de la Gallée.

Le privilége du roi est daté du 10 janvier 1516.

Une autre édition de la traduction française de Mathurin du Redouer a été publiée à frais communs après 1521 par Jehan Janot et Philippe le Noir.

[Traductions allemandes.]

Newe vnbekante landte vnd ein newe weldte in kurtz verganger zeythe erfunden.

Cette traduction allemande a été faite par Jobstein Ruchamer et imprimée en 1508, à Nuremberg par Georges Stüchssen.

Une seconde traduction allemande du texte latin a été inséré dans le *Newe Welt* sous le titre de *Die newe Welt der landschaften unnd Insulen so bis hie her allen Alweltbeschryebern vnbekant jüngst aber von den Portugalesern vnd Hispaniern herfunden.* Strassburg, G. Ulricher, 1534.

L'abbé Prévost qui, dans la collection de voyages[1] commencée par ses soins, consacre quelques pages aux découvertes des Portugais sur les côtes d'Afrique ne fait aucune mention des deux voyages d'Alvise de Ca' da Mosto.

---

1. *Histoire générale des voyages ou nouvelle collection de toutes les relations de voyages par mer et par terre qui ont été publiées jusques à présent (avec la continuation par de Querton et de Surgy),* 80 volumes. Paris, 1749-1789.

Boucher de la Richarderie se borne à citer le titre de la relation de Ca' da Mosto et le fait suivre de quelques lignes d'explication [1].

M. Walckenaer en a publié une traduction dans sa collection de voyages en Afrique [2] et M. H. Major a inséré, dans ses deux ouvrages consacrés à Dom Henri de Portugal [3], d'excellents résumés de ces voyages.

Les détails fournis sur la Guinée par Alvise de Ca' da Mosto ont été reproduits presque intégralement par Livio Sanuto [4], par Davity [5] et par Dapper [6].

Don Placido Zurla [7] a, dans les premières années de

---

[1]. *Bibliothèque universelle des voyages*. Paris, 1808, tome IV, pages 82-84.

[2]. *Collection de Voyages en Afrique*. Paris, 1845, tome I, pages 80-82 et 288 à 352.

[3]. Richard Henri Major, *The life of prince Henri of Portugal surnamed the Navigator and its results*. Londres, 1868, pages
The discoveries of prince Henri the Navigator and their results, Londres, 1877, pages 138-169.

[4]. *Geografia di M. Livio Sanuto distinta in XII libri ne qualli, oltra l'esplicatione di molti luoghi di Tolomeo, della bussola e dell' aguglia, si dichiarano le provincie, popoii, regni, città porti, monti, finmi, loghi e costumi dell' Africa*. Venise, 1588, fol.

[5]. Pierre Davity, *Description générale de l'Afrique, seconde partie du monde...* Paris, 1660, fol.

[6]. Olivier Dapper, *Description de l'Afrique*, Amsterdam, 1686, fol.

[7]. Don Placido Zurla a réimprimé cette notice dans son ouvrage intitulé : *Di Marco Polo e degli altri viaggiatori veneziani più illustri dissertazioni con appendice sopra le antiche mappe lavorate in Venezia*. Venise, 1818.

ce siècle, réuni tous les documents qu'il a pu recueillir sur Alvise de Ca' da Mosto et il les a publiés à Venise en 1815, sous le titre de *Dei viaggi e delle scoperte africane di Aloise de Ca' da Mosto patrizio veneto*. Venezia Aloisopoli, 1815.

M. Amat de San Filippo, dans sa *Biografia dei viaggiatori italiani*, publiée à Rome en 1882, a consacré une assez courte notice à Alvise de Ca' da Mosto : elle est suivie de la liste de quelques-uns des ouvrages où se trouve la relation des voyages de ce navigateur[2].

Enfin M. Andrea da Mosto a fait paraître en 1893 le travail dont j'ai parlé plus haut : *Il portulano attribuito ad Aloise de Ca' da Mosto*.

---

1. Dans un travail publié en 1879 dans le Bulletin de géographie italienne, M. Amat di San Filippo conteste à Alvise de Ca' da Mosto et à Uso di Mare la découverte du cap Vert.

DISCOURS

Sur ce, qui est contenu dans les navigations de messer Alouys de Cademoste Gentilhomme Venitien (1455-1456).

Messer Alouys de Cademoste, gentilhomme venicien, s'est trouvé le premier à decouvrir l'île de Cap Verd, en l'an de l'Incarnation mil quatre cens cinquante et cinq, navigeant selon la cote de la basse Ethiopie sur la mer Oceane, du coté de Ponant; cotoyant laquelle, il parvint jusques au grand Ruisseau[1], onze degrés et demy sur la ligne de l'Equinoctial. Puis colligea et reduisit sommairement par ecrit la navigation de Pierre de Sintre Portugalois, lequel parvint jusques à six degrés sur icelle ligne, là où est le boys ou bocage sainte Marie. Choses lesquelles ne

---

1. Le Rio grande.

doivent être en peu d'estime et qui meritent venir entre les mains de toutes personnes studieuses, qui pourront, par le moyen d'icelles, avoir ample ouverture, et, (comme l'on dit), toucher à la main le païs vers la ligne sus-nommée (que les anciens ont afermé être brûlée par l'excessive ardeur du soleil, et pour cette cause être inhabitable), le cognoissant florissant, doux, temperé, et habité d'une infinité de personnes. Au moyen dequoy, l'ordre nous a semblé tresconvenable, et bien à propos, de mettre ces navigations à la suite du livre de Jean Leon African ; pour autant que par la lecture d'iceluy, le lecteur s'étant rendu certain des royaumes des Noirs, situés sur le Niger, tresopulens en or, et des caravannes des marchans, qui pour le jourd'huy, s'y transportent de plusieurs lieux de la Barbarie, traversans les deserts, non sans tresgrand et eminent danger de la vie et merveilleux frais des voitures, (à quoy les anciens ne se sont jamais hazardés), puisse en lisant ces Navigations, cognoître à veuë d'œil, comme l'on pourroyt donner ouverture à un tel passage par mer à ces royaumes des Noirs, ce qui seroyt court, facile, trescommode et hors de danger. Et comme pour le jourd'huy, chacune nation des Chretiens se peut transporter avec vaisseaux à l'île Saint Thomas, charger des sucres, payant les droits au Serenissime Roy de Portugal, (lequel voyage se fait le long de la cote jusques sur la ligne par cy devant mentionnée, là où est cette ile) ainsi fut il en la puissance et licite à tous de faire voile en ces royaumes des Noirs, soubz la charge de payer semblablement ce qui seroyt deu de la marchandise qu'on y enlevroyt, pour raporter en nos marches ; puis ainsi qu'on seroyt à my chemin (qui est l'île Saint Jaques, laquelle se retrouve quinze degrés sur icelle ligne) se rafraichir, et de là suivre la route de l'Ethiopie, venant passer au fleuve de Senega, ou bien au grand Ruisseau qui proviennent tous deux du Niger, s'embouchans dans la mer, et s'acorder avec le roy de Tombut ou de Melli de pouvoir aler avec les navires chargées de marchandise en ces royaumes. En quoy faisant, je ne doute aucunement qu'on n'y fût bien venu et caressé avec tous les plaisirs et courtoisies qu'il est possible d'user envers etrangers, veu memement que les habitans de ces royaumes sont pour le present reduis à grande civilité et merveilleusement desireux de ce que produit l'Europe, comme on en peut amplement être acertené par le temoignage de Jean Leon. Tellement que les marchans n'auroyent occasion de se soumettre au danger des corsaires. Joint aussi, qu'ils ne seroyent sujets à tant de fortunes et tempetes, s'aprochans du tropique de Cancer, comme sur nos mers Mediterranées. Quoy plus? la commodité se presente oportune et tant facile qu'on la pourroyt souhaiter ; d'autant qu'on pourroyt conduire toute sorte de marchandise par le fleuve Niger, qui n'est de moindre etendue que le Nil, et navigable par l'espace de cinq cens milles, et plus, traversant et cotoyant tousjours royaumes et citez. Outre ce, quel gain pourroyt on raporter y conduisant le sel, qui est de si grande requete en ce païs là chargeant les navires à l'une des iles de cap Verd surnommée du sel, non à autre occasion, que pour les lacs qui s'y trouvent dans lesquels il est congelé. Et par ceci, il est à presuposer qu'il y auroyt grande concurrence de marchans, pour le grand profit qui en proviendroyt, mêmement que le voyage est si court, avec ce qu'on n'y employeroyt si long temps, ny si grans frais comme à naviger aux Indes orientales. Et outre l'infinité d'or pur, on en raporteroyt encore plusieurs Noirs, lesquels étant conduis en l'ile Saint-Jaques de cap Verd, se pourroyent vendre aux Indes Orientales. Mais étans dejà assez amplement informés les serenissimes roys de Portugal de toutes ces choses cy dessus recitées, et encore de plus, et n'ayans voulu permettre jusques à present qu'on se soyt mis à la route de ce voyage, il faut estimer qu'ils l'ont fait pour quelque convenable respet, lequel comme il n'est bien seant de le vouloyr rechercher, ainsi, je pense qu'il n'est licite de vouloir discourir plus outre sur plusieurs autres choses de valeur et necessaires à notre usage, qui se pourroyent tirer de cette part d'Ethiopie, laquelle est entre le tropique de Cancer et l'Equinoctial, courant par les mêmes paralleles ou egales distances de longitude que font les Indes orientales.

Sur les navigations.

JE croy que personne ne voudroyt, ny ne pourroyt (sans contrevenir au vray) aler au contraire que je Alouys de Cademoste, n'aye devancé tout autre de l'ilustre et renommée cité de Venise pour freter sur la mer Oceane, hors le detroyt de Gibraltar, et à suivre la route de la terre des Noirs en la basse Ethiopie, ce que je ne pourroys avoir mis à fin sans que plusieurs nouveautés et choses dignes de recit ne se soyent ofertes et presentées à ma veuë; lesquelles, à bon droit, m'ont semblé requerir et meriter qu'on print la peine de les rediger par ecrit, pour trouver lieu entre les singularités plus rares. Téllement qu'ainsi comme je les avoys notées dans mes tablettes ou memoriales de temps à autre, je me suis mis à les transcrire, à celle fin qu'elles puissent être fideles temoins à la posterité de l'ardeur et afection grandes qui m'ont acompagné pour en avoir la cognoissance en diverses et etranges regions, lesquelles certes, à comparaison des notres, se pourroyent appeler un autre monde. Et si elles ne sont posées en tel ordre et rang comme la matiere le pourroyt bien requerir, au moins cecy detournera en partie le blame qu'on me pourroyt objecter, d'autant que je n'abandonneray la verité, ains m'en tiendray tousjours emparé en chacune partie, et ce plus tot en moins disant, que racontant aucune chose outre ce que je connoitray être veritable.

Or, le premier auteur de faire freter en notre temps cette partie de l'Ocean du coté de Midy, aux terres des Noirs de la basse Ethiopie, a été l'ilustre Seigneur Infant dom Henrich de Portugal, qui fut fils de dom Jan, Roy de Portugal et d'Algarbes, premier de ce nom [1]. Lequel

---

1. Dom Henri de Portugal, duc de Viseo, surnommé le Navigateur, était le fils de Dom Jean Ier et de Philippine de Lancastre, sœur de Henri IV d'Angleterre. Il naquit en 1394 et mourut en 1463.

La vie de ce prince a été écrite par Candido Lusitano, *Vida do Infante D. Henrique.* Lisboa, 1758.

Le vicomte da Carreira a mis au jour, d'après le manuscrit original de la Bibliothèque nationale de Paris, la *Chronica do descobrimentoe conquista de Guine escrita por mandado de el rey D. Affonso V sobra direcçao scientifica e segundo as instrucçoes do illustre infante D. Henrique pelo chronista Gomes Eannes de Azurara.* Paris, 1841. Enfin,

encore que la parfaite cognoissance qu'il s'étoyt aquise, par curieux travail de esprit, des cours celestes et mathematiques le rendent soy assez recommandable, neantmoins (en taisant ce qui est assez evident) je diray seulement, qu'étant de cœur magnanime et admirable esprit, il s'adonna totalement et deploya toutes ses forces à batailler soubz les enseignes et guidons de la croyx, et à prendre la querelle en main pour notre vray seigneur et protecteur Jesuchrist, guerroyant les Barbares et virilement combatant contre ceux qui se montroyent ennemys de notre sainte foy. Et pour encore s'ilustrer de plus insigne marque et se rendre entre les princes de son temps le plus acomply en toutes perfections, ne se voulut jamais joindre, ny coupler avec femme : mettant le frein à sa jeunesse par le moyen de louable chasteté. Etant ainsi doué, cet ilustre prince de toutes ces choses (la moindre desquelles seroyt sufisante pour inmortaliser un chacun, à qui l'heur permettroyt d'en être remarqué) si est ce qu'avec tout cela, il augmenta encore de cecy singulierement sa renommée, d'autant

---

M. R. Henri Major a publié en 1868, une vie de Dom Henri composée d'après les documents contemporains : *The life of Prince Henry of Portugal surnamed the Navigator and its results*, etc. London, 1868, et quelques années plus tard : *The discoveries of Prince Henry the Navigator and their results*, by R. H. Major. Londres, 1877.

qu'il ne faisoyt aucune dificulté d'exposer sa personne même aux combas et rencontres hazardeux contre les Mores, au grand dommage desquels, et par son industrie, il meit glorieusement à fin plusieurs choses memorables ; à quoy étant ocupé et y prenant le plus de son plaisir, dom Jan son pere tirant à la mort, sur le point de rendre les derniers soupirs, en l'an mil quatre cens trente troys, l'appella (comme celuy qui n'étoyt ignorant de la vertu qui reluisoyt en luy et l'acompagnoyt, et du noble lieu où son cœur avoyt prins place, pour mieux aspirer à hautes entreprinses et actes heroïques) lequel, avec paroles tirées d'un estomac afectionné, luy recommanda du meilleur de son cœur la compagnie des chevaliers Portugaloys ; le priant, tant comme il lui étoyt possible, de poursuivre son tressaint et louable commencement avec toutes ses forces qu'il avoit données heureusement, à la chasse des ennemys de notre foy. Ce qu'avec peu de paroles promit de garder et observer inviolablement. Au moyen de quoy, apres le deces de son pere (soutenu et aidé par la faveur de dom Douard son frere aisné [1], lequel succeda à la

---

1. Dom Duarte ou Édouard de Portugal, fils de Dom Jean Ier, succéda à son père en 1433. Il dirigea contre Tanger une expédition malheureuse et dans laquelle son frère Ferdinand fut fait prisonnier. Dom Édouard mourut de la peste à Tomar, le 11 septembre 1438, à l'âge de trente-sept ans.

coronne de Portugal) guerroya fort et ferme ceux du royaume de Fez, là où le sort luy étant heureusement succedé par plusieurs années, et s'eforçant de tout son pouvoir à subjuger celuy royaume, se va aviser de faire courir ses caravelles armées et artillées par toutes les cotes d'Azafi[1] et Messa[2] qui sont des dependences du royaume de Fez, lequel s'etend sur l'Ocean devers le detroit de Gibraltar. Et suivant son projet, les y envoya tous les ans ; en quoy faisant, les Mores s'en sentirent fort endommagés, tellement que ce seigneur tachant tousjours de faire floter ses vaisseaux plus outre, moyenna si bien, qu'ils vinrent à decouvrir jusques au promontoire nommé le cap de Non, lequel a

---

1. Safy est une ville de la province de Doukkala située sur le bord de l'Océan. Elle était bien peuplée et avait quatre mille feux. Ses habitants étaient peu intelligents et peu actifs, et, malgré la fertilité du sol, ils se contentaient de cultiver de petits jardins. Cf. L. Sanuto, *Geografia*. Venise, 1588, f° 35 v°. Davity rapporte que la ville de Safy était ceinte de grosses murailles avec quatre-vingt-sept tours, qu'elle avait une grosse garnison et qu'elle était la résidence d'un consul français qui s'y tenait pour ses marchands. *L'Afrique*, Paris, 1660, p. 115.

2. « Messa est une ville divisée en trois parties dont chascune est ceinte séparément de murailles. Elle fut jadis appelée Temest ; elle est bastie sur la mer Oceane au pied de la montagne du grand Atlas que les habitans de ces lieux appelent Aït Vacal, où est le commencement de cette montagne. La rivière de Sus, qui va se rendre dans la même mer près d'un lieu appelé Guer Tesen, passe entre ces deux deux villes. » Davity, *L'Afrique*, page 111.

tousjours été ainsi appellé jusques à present ; et pour lors, étoyt comme borne ou terme, qui étant par aucun outrepassé, il ne se trouvoyt personne qui se peût vanter du retour. De sorte, qu'on le nomma cap de Non, comme si on eut voulu dire qui le passe, ne retourne; tellement que les caravelles étans parvenues jusques à iceluy, n'ozoyent hazarder ce passage [1]. Mais ce seigneur ardent au possible d'avoyr la cognoissance des mers et terres qui se retrouvoyent par delà, ordonna que ses caravelles, avec l'aide et faveur du Seigneur, se mettroyent à franchir ce pas, pour autant que les caravelles de Portugal étant les meilleurs vaisseaux voeilliers, qu'on puisse faire freter (avec ce qu'elles étoyent bien equipées et munies de toutes choses necessaires) il ne se pouvoit faire à croire qu'elles ne peussent naviger par tout. Dont merveilleusement convoiteux de decouvrir et avoyr la cognoissance de choses incogneuës (pour se rendre acertené des generations et habitans de ces païs, avec ce qu'il avoyt bonne envie de tater au vif les Mores et leur donner quelque antorce) feit equiper troys caravelles et les munit de toutes choses necessaires, et mêmement de braves hommes qu'il

---

1. Barros nous apprend que les marchands portugais disaient proverbialement : Quem passar o cabo de Naõ ou voltara ou nao. Barros, *Asia Decade I*, liv. I, chap. 10, page 36 de l'édition de 1778.

meit dedans, lesquels feirent voile et outrepasserent ce cap de Non, sans pouvoir trouver habitation, ny à qui parler, sinon terres areneuses. Au moyen de quoy, ils se meirent au retour. Mais voyant ce seigneur que pour lors il n'en pouvoyt savoyr autre chose, l'année ensuivant, leur feit une autre foys reprendre cette route, avec comission de passer plus outre qu'ils n'avoyent fait, par l'espace de cent cinquante milles et plus, s'ils le trouvoyent bon, souz pretexte qu'en ce faisant, il les feroyt tous jouyssant de grandes richesses, et bien remunerer. En sorte, qu'induits par cette promesse, ils feirent voile de rechef en ces parties. Mais ne trouvant autre chose qu'arene, s'en retournerent arriere. Et pour le faire court, étant asseuré ce seigneur pour la certitude (que luy en donnoyt l'experience de son savoyr) qu'en fin il viendroyt à decouvrir peuples, et habitations, il feit reiterer ce voyage tousjours en avançant, par tant de foys et années, qu'en fin, il fut averty de quelques parties habitées par les Arabes, qui vivent en ces deserts et plus outre, d'une generation nommée Azanaghes [1], qui est des gens bazanés des-

---

1. Les Zenaga, Senegues ou Azanaghes, habitent le désert qui s'étend au sud d'Anterote.

« Les Senegues se piquent d'être les plus anciens du païs et par consequent les plus nobles : aussi sont ils les plus puissants ; ils ont

— 13 —

quels se fera cy-apres plus ample mention. Par ce moyen, et en telle sorte, furent decouvertes les terres des premiers Noirs, là où depuis, par succession de temps, on eut cognoissance d'autres peuples de diverses langues, coutumes et foy, comme je vous feray entendre plus amplement à la suite de ce mien œuvre.

regné le long du Niger et pretendent que les rois de Tombut viennent d'eux. Ces déserts étant ainsi stériles, les naturels du païs sont dépourvus de tout ce qui est necessaire à la vie humaine. Ils vivent la plus grande partie de l'année du lait de leurs troupeaux et mangent de la chair des gazelles et quelques autres bêtes qu'ils chassent. » O. Dapper, *Description de l'Afrique*. Amsterdam, 1686, page 216.

1. La tribu des Zenagha dominait au xe siècle sur toute la région occidentale du désert ainsi que sur les pays voisins au midi; le royaume de Ghanata lui-même était en partie tombé en son pouvoir. Il paraît toutefois que le Ghanata se réveilla plus tard et subjugua à son tour une partie du territoire des Zenagha. Ce fut ainsi que Aoudaghort devint dépendant du Ghanata; mais cette ville fut conquise et pillée en 1052 par les Merabetin, adeptes d'un chef religieux récemment sorti des rangs des Zenagha et nommé Abdallah Ebn Yassin... Quoique les Zenagha fussent restés la tribu dominante au Ghanata, leur puissance décrut rapidement. Vers 1203-1204 (600 de l'hégire), ils étaient tellement déchus qu'ils ne purent résister à une attaque des Saussou, tribu alliée aux Wakare ou Mandigo et qu'ils durent abandonner le royaume à celle-ci. Vers 1233, la domination des Zenagha dans le désert prit fin à son tour et les débris de cette nation jadis grande et puissante, les Limtouna et les Messoufa, furent successivement réduits à l'état de tributaires, car un nouvel empire avait surgi, celui de Melli, sur le Niger supérieur. Le docteur H. Barth, *Voyages et découvertes dans l'Afrique septentrionale et centrale*. Paris, 1861, tome IV, pages 13 et 14.

Première navigation.

Me retrouvant donq dans notre cité de Venise, l'an de l'Incarnation mil quatre cens cinquante quatre, aagé de vingt et deux ans, et ayant navigé en quelques parties de nos mers Mediterranées, faisoys mon conte de retourner en Flandres (voyage que j'avoys dejà fait une autre fois) tendant à fin d'en pouvoir raporter quelque profit. Car je ne me proposoys autre but, sinon d'employer les ans de ma jeunesse en chose, par le moyen de laquelle je peusse trouver le chemin de me aquerir quelques biens, afin que puis après, par l'experience que me donneroyt la conversation du monde, avec les ans, je peusse parvenir à aucune perfection et ataindre à quelque degré d'honneur. Ce qu'ayant à part moy fermement proposé, je me meys en ordre (comme j'ay dit) avec ce peu d'argent que je me sentoys avoyr et m'embarquay sur nos galeres Veniciennes, en compagnie du capitaine messer Marc Zen, chevalier [1], avec lequel je feys depart au milieme susnommé, le huytieme d'Août ; et navigeames troys journées, prenant terre aux lieux acoutumés, jusques à ce que nous arrivames en Espagne. Or, me retrouvay retardé par les temps, qui étoyent contraires au cap de Saint Vincent duquel, par cas d'avanture, n'étoyt pas fort eloigné le seigneur Infant dom Henrich, qui étoyt logé en un vilage nommé Reposera, là où (pour etre sequestré de toute habitation, hors de bruit et propre à la vacation de ses etudes) le sejour luy étoyt fort agreable. Et étant averty de notre arrivée, envoya vers nos galeres un sien secretaire, que l'on nommoyt Antoine Gonzales, acompagné d'un nommé Patricio di Conti, qui se disoyt être Veni-

---

[1]. Marco Zeno, qui appartenait à l'illustre famille des Zeni, qui a fourni à Venise dans le courant des xive et xve siècles tant d'hommes de guerre et de navigateurs illustres, était le fils de Giovanni Zeno, comte de Francavilla et seigneur d'autres lieux en terre ferme. Il fut, en 1452, provéditeur de douze galères, et en 1454, il eut le commandement de celles qui firent le voyage de Flandre. Il acheta, en 1480, la terre de Montegranaro et reçut le titre de marquis. On voit son portrait dans la salle du grand Conseil, au palais Ducal. Ces détails sont fournis par le *Campidoglio Veneto*, manuscrit de la Bibliothèque de Saint-Marc.

cien et consul de notre nation au royaume de Portugal, comme il feit aparoitre et confirma son dire par unes lettres patentes de la Seigneurie, avec le sceau pendant. Il étoyt semblablement provisionné par le Seigneur Infant, lequel donna commission à ces deux icy d'aborder nos galeres avec aucunes montres de sucres de l'île de Madere, de sang de dragon, et autres choses tirées des lieux et îles, qui étoyent souz la puissance d'iceluy seigneur. Ce qui fut exposé à la veuë de plusieurs personnes en ma presence, et après qu'ils se furent enquis de plusieurs choses, vinrent à nous dire, comme leur seigneur avoyt rendu habitables plusieurs îles nouvellement decouvertes, lesquelles auparavant avoyent été desertes et inhabitées ; en temoignage et signe dequoy, ils montroyent ces sucres, sang de dragon et autres choses fort utiles et de requête ; encore que cela se pouvoyt appeller peu ou rien, à comparaison d'autres, qui, par le moyen du souverain seigneur, étoyent venues à la cognoissance des gens, nous declarans, comme depuis certain temps en ça, il avoyt fait naviger des mers qui avoyent été incogneuës à tous, et decouvrir des terres de diverses et etranges generations, entre lesquelles se trouvoyent des choses admirables, et que ceux, lesquels y avoyent mis le pied, en avoyent raporté de grandes richesses. Car un grand blanc ne leur revenoyt à moyns de six et sept. Outre ce, ils nous ramenerent tant de choses au devant touchant cecy, qu'entre les autres, ils me causerent par leurs paroles une grande admiration ; tellement que dès l'heure même, un grand desir me vint de faire un voyage en ces parties là. Au moyen dequoy, il me meyt à leur demander si leur seigneur permettoyt à un chacun d'y naviger, à quoy ils me repondirent qu'ouy, moyennant que celuy qui y voudroyt faire voile, se soumît à l'une de ces deux conditions, ou d'armer la caravelle à ses propres depens et y reduire la marchandise, puis au retour, payer au Seigneur la quarte partie de ce qu'il aporteroyt, demeurant le reste sien; ou bien, que le Seigneur armeroyt la caravelle et equiperoyt de tout ce qui seroyt necessaire, sans que celuy, lequel voudroyt transporter, fut tenu à autre chose, qu'à reduire la marchandise dedans, puis au retour partir avec le Seigneur par la moitié, sur lequel demeureroyent les frais, en cas qu'on n'en peut rien raporter. Mais ils nous acertenerent qu'il étoyt impossible de fournir ce voyage sans y faire de grans profis et que le Seigneur prendroyt un singulier plaisir, entendant que quelqu'un de notre nation eut deliberé s'y transporter, étant asseurés qu'il le favoriseroyt grandement, pour autant qu'il esperoyt qu'on y deut trouver à force epicerie et qu'il cognoissoyt les Veniciens pour les plus experimentés en cet afaire que nulle autre nation.

Après que j'eus diligemment ecouté toutes ces choses, je deliberay me mettre en la compagnie de ceux-cy pour parler à leur seigneur, ce que je feys; et me confirma tout ce que les autres avoyent mis en avant, me promettant (outre ce) me faire honneur et profit en cas que je me meisse en ce voyage. Or, étant acertené de tout, et me sentant jeune et bien dispos à soutenir tout labeur et travail, desireux au possible de veoyr du monde et decouvrir choses qui ne vinrent jamais à la cognoissance d'aucun de ma nation, joint aussi que l'esperance du gain que je pensoys en raporter m'y eguillonnoyt merveilleusement, j'arretay totalement de suivre cette route. Et après m'être diligemment informé des marchandises et choses lesquelles y étoyent necessaires, je retournay à la galere, là où ayant encharge toutes mes afaires du Ponant à un mien parent, j'achetay sur nos vaisseaux tout ce que je pensoys m'être necessaire à l'entreprinse d'un tel voyage pour auquel donner commencement, je me meys en terre, laissant les galeres reprendre leurs erres.

Du sejour de messer Alouys au cap Saint Vincent et de son depart, l'an ensuyvant, pour la route des iles Canaries.

LE seigneur Infant montra par semblant que ma demeure au cap Saint Vincent luy fut fort agreable et m'entretint avec plusieurs caresses par longtemps, jusques à ce qu'il me feit armer une caravelle neuve de nonante tonneaux, de laquelle étoyt patron un nommé Vincent Dies, natif de Lagus [1], qui est un lieu près le cap Saint Vincent à seize milles. Et ainsi que nous fumes fournis de toutes choses necessaires, soubz la conduite du Seigneur,

---

1. Lagos, dans la province des Algarves, dépend de l'évêché de Beïra : elle est située sur une hauteur entre deux rivières et plusieurs lacs, d'où lui vient le nom de Lagos. Cette ville appartenait autrefois aux seigneurs de Bombadilla.

nous nous embarquames au Cap le vingt et deuxieme de mars, l'an mil quatre cens cinquante et cinq, poussés d'un vent Grec et de la Tramontane en poupe, qui nous faisoyt tirer droit à la volte de l'île de Madere, alans à la quarte de Garbin à droit fil ; et feimes tant par nos journées que nous vinmes surgir à Port saint, à l'heure de midy, qui est distant du port susnommé, l'espace de cinq cens milles.

De l'ile de Port saint où nous arrivames.

L'ILE de Port saint est de fort petite etendue, ne contenant en son circuit plus hault de quinze milles, et a été decouverte depuis vingt et sept ans en ça, par les caravelles du seigneur Infant susnommé, qui l'ayant trouvé deserte et auparavant inhabitée, la peupla de Portugaloys, sur lesquels il constitua gouverneur un sien homme qu'on appelloyt Bartelemy Pollastrel[1]. Cette ile recueille assez de froment

---

1. Deux écuyers de la maison de Dom Henri, Gonsalez Zarcho et Tristan Vaez, furent, en 1418, jetés par la tempête dans les parages d'une île à laquelle ils donnèrent le nom de Porto santo. A leur retour en Portugal, ils firent approuver par l'Infant leurs projets de colonisation, et ce prince leur adjoignit un gentilhomme de la maison du roi Dom Jean, nommé Barthelemy Perestrello. Celui-ci avait à son bord la femelle d'un lapin qui mit bas et fut avec ses petits lâchée

et avoyne pour son usage : avec ce qu'elle est fort abondante en bœufs, sangliers et conils en nombre infiny. On y trouve du sang de dragon qui provient d'aucuns arbres, c'est à savoir une gomme qu'ils jettent en certain temps de l'an, laquelle on reçoyt en cette maniere. On donne quelques coups de hache ou coignée au pied de l'arbre, par où, au bout de quelque temps de l'année, cette gomme distile, puis on la vient à purger, en quoy faisant, elle devient sang. Ce même arbre produit un certain fruit qui vient en maturité au moys de mars, et est de couleur jaune, tresbon à

dans l'île. Ces animaux se multiplièrent tellement, qu'au bout de deux ans, tout ce qui était semé ou planté fut dévoré par eux.

Barros prétend que ce fléau détermina le retour de Perestrello en Portugal.

Barthélemy Perestrello appartenait à l'ancienne et noble famille encore existante des Pallastrelli de Plaisance. Il était le fils de Philippe Pallastrelli et de Caterina Visconti, son épouse, et naquit, croit-on, au commencement du XVe siècle. Il s'occupa tout particulièrement des problèmes de la navigation et fut admis en qualité de gentilhomme dans la maison de Dom Juan, frère cadet de l'Infant Dom Henri. Ce prince depuis la découverte de l'île de Porto santo avait pris à tâche de la coloniser. Perestrello en fut nommé gouverneur par le roi de Portugal. Malgré les difficultés dont Barros fait mention, Porto santo acquit un grand degré de prospérité et pour récompenser les efforts de Perestrello, le roi de Portugal le nomma gouverneur de cette île avec le privilège d'en transmettre la charge à ses héritiers. Ceux-ci jouirent de ce privilège jusqu'au milieu du dernier siècle. Pietro Amat di S. Filippo, *Biografia dei viaggiatori italiani*. Rome, 1881, pages 136-137.

manger, retenant le gout de cerise. Autour de cette ile se pesche une infinité de dentés, dorades et autres bons poissons [1]. Il n'y a point de port, mais il s'y trouve une tresbonne baye, à l'abry de tous vents forts du Levant, Austre et Siroch, lesquels souflans y sont fort dangereux ; mais quoy que c'en soyt, la retraite y est fort bonne. L'île s'appelle Port saint, pource qu'elle fut decouverte par les Portugalois le jour de Toussains ; et je pense qu'en tout le monde ne se pourroyt trouver lieu produisant miel plus parfait que celuy-cy, avec de la cire, mais non pas de grande valeur.

1. Le texte italien porte : e nota che attorno di detta isola vi si truovano gran pescherie di dentali et orate vecchie, etc. Le dentale est le mot du dialecte vénitien qui désigne le poisson appelé en latin dentex, en italien dentice. C'est le *Sparus dentex*.

Du port de l'ile de Madere, et de ce qu'elle produit[1].

DEPUIS, nous feimes depart de cette île le vingt-huitieme de mars, et primes la route de Monchric, là où nous vinmes surgir, qui est un des ports de l'ile de Madere, laquelle est distante de Port saint par l'espace de quarante milles,

---

1. L'île de Madère fut découverte en 1420 par les deux gentilshommes portugais, Juan Gonsalez Zarcho et Tristan Vaez, envoyés par Dom Henri de Portugal à la recherche de nouveaux pays. L'île fut divisée en quatre districts : Monchrico ou Manchico, Santa Cruz, Funchal et Cambra de Lobos. Cette dernière partie fut nommée la Chambre des Loups, parce que, lors de la découverte de Madère, on n'y trouva aucun endroit qui ne fût couvert d'arbres, à l'exception d'une grande caverne s'ouvrant sur une pointe de l'île et dans laquelle on remarqua des traces nombreuses de loups marins.

Zarcho fit élever à Funchal une église à laquelle il donna le nom de Nossa Senhora do Calhâo (Notre-Dame des Galets), à cause de la quantité de galets qu'il remarqua sur le rivage.

Cf. Barros, livre I, décade I, chap. III, Mocquet, *Voyages en*

tellement qu'en temps serain et clair, on peut decouvrir l'une et l'autre. Cette cy a eté peuplée de Portugalois par le Seigneur Infant depuis vingt et quatre ans en ça, avant lequel temps, elle ne avoyt jamais été habitée; et constitua deux gouverneurs sur icelle, qui étoyent du nombre de ses chevaliers: dont l'un se nommoit Tristan Tessera, qui tient la moitié de l'ile de la partie de Monchric, et l'autre, (qu'on appeloit Zuangonzales Zarcho), gouvernoyt l'autre moitié du coté de Fonzal: et retient l'ile ce nom de Madere, qui signifie l'ile des boys, pour autant qu'après avoir été decouverte par ceux du Seigneur Infant, il n'y avoyt un seul pied de terre qui ne fût tout couvert de

---

Afrique, Asie, Indes orientales et occidentales. Paris, 1616, page 47. Dapper, *Description de l'Afrique*, page 512.

Outre les relations des voyages aux Açores entrepris dans le cours du XVIe siècle et insérées par Hakluyt dans son Recueil de voyages, on possède: la *Relação do discobrimento da ilha de Madeira de Francisco Alcaforado*, traduite en français sous le titre de *Relation historique de la découverte de l'isle de Madère, traduit du portugáis.* Paris, 1671, et *Il primo scuoprimento dell' isola di Madera facto di Roberto Macico inglese, Istoria veridica, in cui anco si narrano la sua prima abitazione e l'altre cose piu considerabili di essa e lo stato in cui di presente si trova, tradotta dal Portoghese nell' Italiano e molto accresciuta dal P. Teodoro da Pavia, predicatore capuccino che fù più anni missionario apostolico in detta isola di Madera a comune erudizione e utilità mentre in tale discuoprimento e progresso si mostrano le mirabili disposizioni della Divina Providenza.* In Tortona, 1705.

bois et arbres fort grans; de sorte que les premiers, qui voulurent faire residence, furent contrains de luy donner le feu, qui suivoit tousjours brulant un grand païs et embrasant si fort l'île, que le gouverneur Zuangonzales, lequel y étoyt pour lors, fut contraint (comme luy même me recita) avec sa femme, ses enfants et tout le reste de sa famille (pour eviter la furie de cette flamme) de se retirer dans la mer où il demeura deux jours et deux nuicts en l'eau jusques au col, sans boire, ny manger. Car autrement, luy et tous les siens fussent demeurés ards parmi le feu. Par ce moyen, ils depaitrerent l'île d'une partie de ces boys, decouvrans la terre pour labourer. Cette île est habitée en quatre parties : dont l'une se nomme Monchric, l'autre Sainte Croyx, la tierce Fonzal et la quarte la Chambre des lyons. Et combien qu'il s'y trouve d'autres lieux habités, neantmoins ceux-cy sont les principaux, et chacun d'yceux peut armer environ huit cens hommes, entre lesquels s'en trouveront cent à cheval.

L'île a de tour cent quarante milles, n'ayant aucun port, mais tresbonnes bayes, avec ce que le païs est fort abondant. Et combien qu'elle soyt montueuse, (comme la Sicile), elle ne laisse pourtant d'être tresfertile, tellement qu'elle produit chaque année trente mille setiers de froment Veniciens, une foys plus et l'autre moins. Le terroir souloit raporter du commencement soissante pour un, mais maintenant il est revenu à trente et quarante, pour ce que les terres vont en empirant de jour à autre, étans neantmoins arrousées de gentilles fontaines ; et s'y trouvent environ huit petits fleuves qui s'ecoulent parmy l'île, sur lesquels il y a des scieurs, qui font journellement plusieurs ouvrages en boys et tables de toutes sortes : dequoy ils se fournissent en Portugal et autres lieux, et d'icelles tables s'en trouve de deux sortes fort estimées, l'une de cedre fort odorant et semblable au cypres, de quoy l'on fait plusieurs belles tables larges et longues avec des quesses et autres ouvrages ; l'autre sorte est de Nasso, qui sont semblablement fort exquises et de couleur qui tire sur le rouge. Et pour autant que cette île est arrousée de beaucoup d'eaux, le Seigneur Infant susnommé y a fait planter plusieurs cannes de miel qui ont fort bien profité ; et s'y font les sucres en grande quantité, pour être le païs fort propre à cela, pour cause que l'air y est chault et temperé, tellement qu'il n'y fait un froid duquel on doive faire compte, tout ainsi, qu'en Sicile ou en Cipre ; et s'y font plusieurs confitures blanches, et bonnes en toute perfection.

Le terroir produit le miel et la cire, mais en petite quantité. Les vins y sont assez bons, selon que porte la nouvelle habitation, et en y a telle abondance que toute l'île en est fournie, sans ce que d'abondant, il se transporte encore hors d'icelle. Entre les autres vignes, le Seigneur Infant feit apporter du plant de Malvoysie de Candie, lequel profita fort bien; et à cause que le païs est tresgras et bon, les vignes raportent quasi autant de raisins que de feuilles, étans les grapes fort grandes, comme de la longueur de deux et troys palmes, voire et en disant de quatre, je ne penseroys aler contre la verité : chose autant belle à veoir qu'il est possible au monde. Il s'y trouve semblablement des raisins de treilles, noirs et bons en toute perfection; et s'y font des arcs de parfaite bonté, et beaux au possible, avec des boys d'arbalete, et pour tendre.

On y void des paons sauvages, entre lesquels s'en trouvent de blancs. Il n'y a perdrix, ny autre gibier, sinon cailles et porcs sangliers aux montagnes en grande quantité, et me souvient d'avoyr ouy raconter à personnes de cette île dignes de foy, que, au commencement, il y avoyt grande quantité de pigeons, et s'en y trouve encore, que l'on prend avec un certain lacs, ayant un pois comme une petite masse au bout, qui les tire en bas de l'arbre, après qu'ils en ont le col entortillé, sans qu'ils s'efrayassent aucunement, à cause que personne ne leur avoyt jamais donné la chasse. Ce qui se peut croire facilement, pour ce que le semblable m'a été recité en une autre île nouvellement retrouvée prochaine de cette-cy, laquelle est abondante en chair, et s'y trouvent beaucoup de gens riches selon le pays, qui est comme un jardin, lequel ne produit chose qui ne soyt parfaite et singuliere. Il y a des Freres mineurs de l'Observance, gens de bonne et sainte vie ; et ne veux oublier ce que m'ont dit plusieurs personnages à la verité, y avoyr veu par la bonne disposition de l'air, verd-jus et raisins meurs la semaine Sainte, ou bien par l'octave de Paque.

Des sept îles des Canaries et des coutumes des habitans.

Nous partimes de l'île de Megere tirans à Austre, tant que nous parvimmes aux îles de Canarie, qui sont distantes de cette-cy par l'espace de troys cens vingt milles; et sont jusques au nombre de sept, dont les quatre sont habitées de Chretiens, c'est à savoir Lanzarote, Fort'aventure, la Gomere et le Fer; les autres troys sont habitées par idolatres, comme la grand Canarie, Teneriffe et la Palme[1]. Le seigneur de

---

1. Il est établi, par un passage de Boccace mis en lumière en 1827 par Sebastien Ciampi, qu'en 1341, un voyage aux Canaries fut entrepris par les Portugais, sous les auspices du roi de Portugal. L'expédition se composait de trois navires dont un de petit gabarit; elle partit le 1er juillet et aborda aux Canaries cinq jours après son départ. Des Génois, des Espagnols, des Portugais et des Florentins faisaient partie de cette expédition, et parmi ces derniers se trouvait Angelino del Tegghia dei Corbezzi.

Les îles Canaries ont été occupées en 1402 par Jean de Bethen-

celles, qui sont habitées par les Chretiens, est nommé Ferrera, gentilhomme chevalier, naturel de la cité de Sibillie et vassal du Roy d'Espagne.

Le vivre des Chretiens est de pain d'orge, chair, et lait en abondance, et mêmement des chevres qu'ils nourissent en grande quantité. Ils n'ont vin ny froment s'il ne leur est par d'autres aporté, et ne produit leur territoire gueres de fruits, etant quasi sterile en toutes autres choses bonnes. Il y a bien un grand nombre d'anes sauvages principalement en l'île du Fer ; et sont ces îles distantes l'une de l'autre par l'espace de quarante à

---

court, gentilhomme normand, auquel, selon Grammaye, le roi Jean de Castille avait cédé ses droits. Diego de Herrera acquit de Bethencourt l'île de Lancerote et s'empara de Fuertaventura, à laquelle il donna ce nom parce qu'il y opéra sa descente le jour de la fête de saint Bonaventure. Le groupe des Canaries se compose de sept îles : Lancerote, Fuertaventura, la grande Canarie, Ténériffe, Las Palmas, Ilha da Fiuro, Gomera, et de quelques îlots situés au Nord.

On peut consulter, sur l'histoire de la découverte et de la conquête des îles Canaries, outre les écrivains portugais : Bergeron, *Traité de la navigation et des voyages de découvertes et conquêtes modernes, et principalement des François*. Paris, 1629; *Histoire de la première découverte et conquête des Canaries faite, dès l'an 1402, par Messire Jean de Bethencourt, chambellan du roi Charles VI.* Paris, 1630; R. H. Major, *The Canarian, or book of the conquest and conversion of the Canarians, 1402, composed by Pierre Bantier and Jean Le Verrier.* Londres, 1872 : *Le Canarien, livre de la conquête et conversion des Canaries (1402-1422), par Jean de Bethencourt, gentilhomme cauchois, publié d'après le manuscrit original, avec introduction et notes, par Gabriel Gravier.* Rouen, 1874.

cinquante milles, lesquelles sont situées l'une après l'autre et à la file, de sorte que la premiere et derniere regardent au Levant et Ponant. On en retire semblablement grande quantité de cuirs de chevres, qui sont bons et merveilleusement fors, avec du suif et de fort bons fromages.

Les habitants de ces quatre îles sujettes aux Chretiens sont Canariens, de langue diferente, tellement qu'ils ne s'entendent gueres entre eux. En ces îles ne se trouve aucune place emmuraillée, sinon les vilages; mais les habitans ont des retraites aux montagnes pour être treshautes et auxquelles y a de dificiles passages, si fors que toute la puissance des hommes ne les sauroyent forcer sinon par le siege. Chacune d'icelles est de grande etendue, en sorte que la plus petite ne contient rien moins de nonante milles. Les troys autres habitées par les idolatres contiennent plus en leur circuit et sont mieux habitées; memement deux d'icelles, qui sont la Canarie (contenant environ huit ou neuf mille personnes) et Teneriffe, laquelle est la plus grande des troys, là où se peuvent trouver (comme l'on dit) de quatorze à quinze mille personnes. La Palme n'est guere peuplée, mais il la fait fort bon veoir, pour être ces troys iles habitées de gens de defence, avec montagnes hautes, lieux dangereux et fors; les Chretiens n'y ont peu jamais donner atainte pour les subjuguer. Teneriffe, qui est la plus habitée, se prend pour l'une des plus hautes îles qu'environne l'Ocean ; tellement qu'en temps calme et decouvert, elle aparoît de bien loin. Et m'ont acertené des mariniers dignes de foy, l'avoyr decouverte à plaine veuë par mer, de soissante à septante lieuës Espagnoles, qui font environ deux cens cinquante milles d'Italie, pour ce qu'il s'y leve une pointe ou bien montagne au milieu d'icelle en forme de diamant et treshaute, laquelle ard incessamment ; chose que peuvent temoigner les Chretiens, qui ont été detenus captifs par quelque espace de temps en cette île, lesquels aferment cette pointe avoyr de hauteur du pied à la cime quinze lieuës Portugaloises qui font soissante milles d'Italie.

Cette île est gouvernée par neuf seigneurs qui sont appellés ducs, qui ne obtiennent la seigneurie de nature, comme de pere à fils ; mais qui peut plus, vient à en emparer, faisans le plus souvent guerre entre eux, et se tuant brutalement, en quoy faisant, ils n'usent d'autres armes que de pierres et javelots à la pointe desquels au lieu de fer, ils antent une corne aiguë, et ceux qui n'en ont point sont brulés au bout de l'hast, tellement qu'elle ne se trouve moins dure, ny ofensible que le fer même.

Les habitans vont toujours nus, sinon que quelques

uns s'afublent de peaux de chevres dont ils en mettent l'une devant et l'autre derriere ; puis s'oignent le corps de suif de bouc mistionné avec certain jus de quelques herbes qui leur sont cognuës pour faire endurcir la peau et les defendre contre le froid, combien qu'il ne soyt fort âpre en ces regions là, pour être situées devers la cote d'Austre[1].

Les habitans ne batissent maisons de murailles ny de pailles, mais se retirent et font leur residence dans des creux et cavernes de montagnes, là où ils se rapaissent d'orge, de chair et de lait de chevres, duquel ils ont en grande abondance, avec quelques fruits, mêmement de figues ; et pour autant que le païs est fort chaleureux, ils recueillent le grain au moys de mars et avril. Ils n'ont aucune foy ; mais aucuns d'entre eux adorent le soleil, les autres la lune et quelques uns les planettes, ayant plusieurs fantaisies d'idolatrie. Les femmes ne sont pas communes entre eux, mais il est licite à un chacun d'en prendre autant que bon luy semble, et n'epouseroyent jamais une femme vierge qu'elle n'eût premierement été deflorée par leur seigneur, ayant couché une nuict avec iceluy. Ce qu'ils reputent à tresgrand honneur, comme aferment les Chretiens des quatre îles,

---

1. C'est le vent de Autan ou de Midy. (*Note du traducteur*).

lesquels ont coutume avec quelques fustes d'aler surprendre de nuict ces Canariens idolatres ; et bien souvent enlevent hommes et femmes, qu'ils envoyent en Espagne vendre pour esclaves. Mais il avient aussi, que quelques foys, il y demeure des fustes prinses, combien que ceux-cy ne font mourir les personnes, qui sont dans icelles, estimans les faire assez endurer et punir à la rigueur, leur faisans tuer des chevres, les ecorcher et mettre en pieces, chose qu'ils tiennent pour tresvile et absurde; tellement que, pour le plus grand impropere qu'ils leur puissent faire, les contraignent exercer cet ofice, jusques à tant qu'ils se puissent ou facent racheter. Ils observent encore une autre coutume : que quand leurs seigneurs prennent la possession de leur domaine, il s'en trouve quelqu'un qui veult mourir pour honnorer la fete, au jour de la quelle un chacun se transporte sur une certaine profonde valée, pour acompagner celuy qui veult ainsi miserablement exposer sa vie à si etrange maniere de mort. Et étans là arrivés, (après certaines cerimonies et quelques paroles prononcées), ce pauvre miserable se precipite dans cette valée, là où il se demembre et met en pieces. Dont pour recognoissance d'un tel acte, le seigneur est tenu et obligé d'honnorer grandement et remunerer d'amples dons les parens du defunt. On dit que cette inhumaine et brutale coutume s'y observe, et mêmes les Chretiens lesquels y ont été detenus prisonniers, aferment le semblable. Outre ce, les Canariens sont merveilleusement promps à la course et grands sauteurs, pour être acoutumés en ces îles scabreuses et pleines de montagnes, sur lesquelles ils sautent dechaux, et s'elancent de roc à autre, comme chevreuils, faisans des sauts pour etonner quiconque seroyt à les regarder; et s'ils se montrent en cela agiles, ils ne sont pas moins dextres et puissans à ruer une pierre droit et roide, tellement qu'ils ne failleront jamais d'ataindre là où ils visent : avec ce, qu'ils ont les bras si nerveux et puissants, qu'en peu de coups de poing, ils mettront un bouclier ou targue (pour epesse qu'elle soit) en mille pieces. Vous asseurant, que je veys un Chretien Canare en l'île de Madere, qui presentoyt à douze hommes douze oranges et en retenoyt douze autres, s'ofrant à gager contre toute personne qui eut voulu, de fraper un chacun d'iceux avec chacune de ses oranges sans jamais faillir d'atainte, et qu'il n'y auroyt piece d'entre eux que luy peût donner touche, encore qu'ils ne fussent eloignés, sinon par l'espace de huit ou dix pas. Mais il ne se trouva personne qui se presentât au jeu, ny qui ofrît gage. Car il n'y avoyt celuy des assistans, qui ne fût assez averty qu'il feroit beaucoup plus que ce dont il se vantoyt, tellement, que je ne sauroys avoyr ces Canariens-cy en autre estime que des plus adroits et legers hommes qu'il est possible de trouver en autre part du monde. Davantage, hommes et femmes se savent peindre leur chair avec certain jus d'herbes verdes, rouges et jaunes, ayans telles couleurs pour une tresbelle divise, et par icelles savent exprimer leurs particulieres afections : tout ainsi que nous autres par la varieté des couleurs que nous portons en nos habillements. Et me suis retrouvé en deux de ces îles, en celle de Gomere et du Fer, qui sont habitées par Chretiens : et je aborday encore à celle de la Palme; mais je ne demontay pas pour suivre mon voyage.

De cap Blanc d'Ethiopie, de l'ile d'Argin et autres adjacentes.

Nous reprimmes nos erres au partir de cette île, suivant tousjours la route de l'Ethiopie devers Austre, de sorte qu'en peu de jours, nous parvimmes à cap Blanc, distant de l'ile de Canarie par l'espace de huit cens soisante milles [1]. Et fault noter qu'au depart de ces îles pour venir vers ce cap, on vient rasant la cote d'Afrique, laquelle ainsi que l'on navige à Austre, demeure à main gauche, combien qu'on se jette au large en perdant terre, pource que les îles Canaries sont bien avant en mer sur le Ponant, et l'une plus que l'autre. Ainsi l'on va navigeant loin

---

1. Le cap Blanc (Cabo Branco) fut découvert en 1441, par le chevalier Nuno Tristan, qui avait été élevé dans la maison de l'Infant Dom Henri et auquel ce prince avait confié le commandement d'une caravelle.

de terre, jusques à ce que l'on ayt avancé les deux tiers du chemin, qui est depuis ces îles jusques au cap Blanc. Puis, on vient se joindre du coté de la main gauche, à la cote jusques à veuë de terre, pour ne devancer ce cap sans le remarquer, pour ce que, outre iceluy, on ne sauroyt decouvrir terre de longtemps, d'autant que la cote y vient faire pointe, là où se forme un goulfe, que l'on nomme la Fournaise d'Argin, qui prend ce nom d'une île, laquelle est située en iceluy, ainsi nommée par les habitans d'Argin [1]; et se jete en terre

[1]. L'île d'Arguin (Ilha d'Arguin) estoit comme abandonnée lorsque les Portugais s'en saisirent, et par le commandement du roy de Portugal y bastirent un fort, l'an 1441, sous la charge de Seiroc Mendei, et maintenant ils se conservent en cet estat ayans tousjours force caravelles de Portugal qui vont et viennent. Il s'est fait dès le commencement dans cette isle un lieu de ferme, estably avec telles conditions qu'aucun ne peut entrer en ce golfe pour trafiquer avec les Arabes, sinon ceux qui ont la ferme de ce lieu, qui tiennent en cette isle des facteurs pour acheter, vendre et trafiquer avec les Arabes qui viennent au bord de la mer, leur portant diverses marchandises, comme draps, toiles, argent, tapis, et surtout du froment, dont ces Arabes sont tousjours affamez, et recevant en échange des esclaves negres, de l'or et des plumes d'autruche. Ces Arabes ont aussi des Portugais des chevaux de Barbarie ou barbes qu'ils conduisent au pays des Negres, aux plus relevez et puissans d'entr'eux, qui leur donnent en échange de dix à quinze de ces Negres pour un cheval, selon qu'il se trouve de haut prix. Les Arabes portent encore à ces Noirs des ouvrages de soye à la moresque que les Portugais ont de Thunes et qu'ils assembloient jadis à Grenade, lorsque les Mores s'y tenoient, et reçoivent en eschange de l'or et des esclaves qui arrivent

ce goulfe par l'espace de plus de cinquante milles. Il y a outre ce, troys îlettes, auxquelles les Portugaloys ont imposé ces noms: l'île Blanche pour être areneuse, l'île des Garzes, à cause que les Portugaloys qui y aborderent premierement, la trouverent tant pleine d'œufs de ces oyseaux marins, qu'ils en chargerent deux esquifs des caravelles. La tierce ils la nommerent l'île des Coeurs, et sont toutes de petite etendue, areneuses, et inhabitées, étans toutes arides et sans eaux, fors celle d'Argin en laquelle il s'en y trouve [1].

à Hoden et de là vont en partie à Arguin, où ils sont vendus à ceux de la Ferme, qui en peuvent bien envoyer mille, tous les ans, en Portugal. Davity, *Description générale de l'Afrique*, Paris, 1660, p. 605.

1. Les noms de ces îlots sont donnés d'une manière fautive. « Les noms de ces isles, dit Davity, sont l'isle Blanche, que les Portugais appelent Branca, luy ayant donné ce nom pource qu'elle est pleine de sable; celle des Cuirs, que ceux du pays nomment Adeger, éloignée de sept ou huict milles de la terre ferme, l'Ilheo ou la petite isle, nommée autrement isle de « las Garças » ou des Hérons, dont Nuno Tristan chargea deux barques, éloignée aussi fort peu de la terre ferme; les deux petites isles de Nar et de Tider, proche de la coste. Il y en a plusieurs autres fort voisines de la coste dont les navires ne peuvent approcher de cinq ou six lieuës à cause des bancs que l'on appelle les bancs d'Arguin. *Description générale de l'Afrique*, etc. Page 377.

Discours de l'Ethiopie et du desert qui est entre icelle et la Barbarie; et pour quelle occasion il a retenu le nom de cap Blanc.

Au departir de la Barbarie, hors le detroit de Gibaltar, tirant à main gauche par cette cote, qui est de la Barbarie vers l'Ethiopie, on ne trouve aucune habitation des Barbares jusques au cap de Cantin; et d'iceluy (suivant cette cote à la volte du cap Blanc) les terres areneuses prennent leur commencement, qui est le desert, lequel confine devers Tramontane avec les montagnes qui enserrent notre Barbarie de çà de Thunes et de tous ces lieux de la cote, lequel desert est, par iceux Barbares, appelé Sarra; et du coté de Midy se termine avec les Noirs d'Ethiopie, étant de si grande etendue qu'on ne le pourroyt traverser en cinquante ou soissante journées de cheval, en d'aucuns endroits plus et en d'autres moins; et s'en vient faire borne à la mer Oceane, sur la cote, qui est toute areneuse, blanche, aride, basse et toute plaine, en laquelle on ne sauroyt dicerner un lieu plus hault que l'autre, jusques au cap Blanc ; lequel fut ainsi appellé par les Portugaloys qui le decouvrirent premierement, apres l'avoyr veu ainsi blanchir, et être areneux, sans aucune aparence d'arbres ou d'herbe : et est de tresbelle assiette, à cause qu'il retient la forme d'un triangle, c'est à savoyr en face; et il fait troys pointes distantes l'une de l'autre par l'espace d'un mille.

Des poyssons qui se trouvent du long de cette cote, et des bans d'arene qui sont au goulfe d'Argin.

EN toute cette cote se trouve grande pescherie et incomparable de divers et bons poyssons semblables aux notres, que nous avons à Venise et encore d'autre espece. Il y a peu d'eau dans ce goulfe, en tous endroits, auxquels se trouvent plusieurs bans, les aucuns d'arene et les autres de pierres; et là ont grande concurrance les eaux de la mer. Au moyen de quoy, on n'y oseroyt naviger sinon de jour, avec la sonde en main, selon le cours des eaux; et n'y a pas longtemps que pour ces causes deux navires s'y briserent. Le cap de Cantin et le cap Blanc sont situés à l'objet l'un de l'autre, du coté de Grec et Garbin.

Du lieu de Hoden, des marchandises et coutumes d'iceluy.

DERRIERE cap Blanc se trouve un lieu appellé Hoden, qui est avant en terre par l'espace de six journées de chameau, sans être aucunement emmuraillé. Mais c'est la retraite des caravanes, là où arrivent les cavarannes qui viennent de Tombut[1] et d'autres lieux des Noirs, lesquels se veulent trans-

---

1. Tombut est la ville de Tinbouktou, et ce nom désigne également la contrée dont elle est la capitale. « Ce nom, dit Léon l'Africain, a été par les modernes à ce royaume imposé à cause d'une cité qui fut édifiée par un roi nommé Mense Suleyman en l'an de l'hégire six cent et dix, prochaine d'un bras du Niger environ douze milles... La cité est bien garnie de boutiques, de marchands et artisans, et mêmement de tisseurs de toiles de coton. Les marchands de Barbarie transportent plusieurs draps d'Europe en cette cité... Cette cité est fort sujette au feu, et, à la seconde fois que je m'y retrouvai, je la vis embraser en moins de cinq heures. Il n'y a aucun jardin ni lieu produisant fruits. *De l'Afrique*, édition de 1830, tome II, p. 131, 155.

porter en nos Barbaries de pardeça. Les habitans de ce lieu cy vivent d'orge et dates, dont ils sont fournis en grande quantité, lesquelles naissent en d'aucuns lieux, mais non pas à sufisance et usent du lait de chameau, et d'autres animaux, pour autant qu'ils n'ont point de vin. Ils nourrissent des vaches et chevres, mais en petit nombre, pour ce que la terre est aride ; et sont leurs bœufs et vaches de petite corpulence à comparaison des notres.

Ceux-cy observent les preceptes de Mahommet, qui les rendent ennemys des Chretiens ; et ne demeurent jamais en un lieu, mais vont errant par les deserts çà et là, se transportans aux terres des Noirs et viennent encore en notre Barbarie. Ils sont en grand nombre, nourrissant quantité de chameaux, avec lesquels ils portent argent, cuivre des Barbares et autres choses à Tombut et aux terres des Noirs, où ils chargent de l'or et mellegette [2] qu'ils aportent par deçà.

---

1. La melegueste, manigueste ou poivre de Guinée (*amomum paradisi*) fut pendant toute la durée du moyen âge importée en Italie dès ports de la Tripolitaine qui le recevaient de Barqhah où s'arrêtaient les caravanes après avoir traversé le désert.

Balducci Pegolotti, qui était au xive siècle un des facteurs de la maison des Bardi de Florence, mentionne dans son ouvrage *Della Decima* la Melegueta comme une marchandise que l'on portait aux foires de Nîmes et de Montpellier. *Della Decima*, etc., Lisbonne et Lucques, 1766, tome III, page 229.

Ce sont gens bruns, usans de certaines capettes blanches sur la chair avec un bord rouge aux extremités, comme aussi s'acoutrent les femmes qui ne portent aucunes chemises. Les hommes portent en tête un linge à la moresque, alant tousjours dechaux. En ces lieux areneux se trouve grande quantité de lyons, leopars et autruches, des œufs desquelles je me suis souvent repeu pour les trouver fort bons et à mon gout.

De l'ordonnance faite par le Seigneur Infant en l'ile d'Argin sur le fait des marchandises : du fleuve de Senega et des coutumes des Azanaghes.

LE Seigneur Infant a fait en cette île d'Argin une ordonnance pour dix ans, que personne ne peut entrer dans le goulfe pour demener marchandise avec les Arabes, fors ceux qui ont congé durant ledit terme, lesquels font leur residence en cette île, là où ils tiennent facteurs qui vendent et achetent d'iceux Arabes, lesquels abordent là, faisans marchandise de diverses choses, comme de draps, toiles, argent, alchifels ¹, qui sont capettes, tapis et autres choses ; mais le froment sur tout y est de requete, à

---

1. Au lieu de Alchifel il faut lire Alkeffiéh. Le mot Keffiéh désigne un mouchoir de soie dont les Arabes s'enveloppent la tête.

cause qu'ils sont tousjours afamés ; et se donnent toutes ces choses en contrechange des Noirs que les Arabes amenent de leurs terres memes, avec de l'or[1]. Tellement que ce Seigneur Infant feit edifier un chateau en cette île pour etablir cet aport à perpetuité, et pour cette raison les caravelles de Portugal font le voyage de cette île tous les ans.

Ces Arabes ont encore grand nombre de chevaux Barbares, lesquels ils exposent en vente en la terre des Noirs, là où ils les vendent aux seigneurs qui donnent en troque des esclaves, à quinze têtes par cheval, selon qu'ils sont estimés et jugés être bons. Ils y portent semblablement des ouvrages moresques de soye qui se font en Grenade et dans Thunes de Barbarie, avec argent et plusieurs autres choses, pour lesquelles on leur retourne grand nombre de têtes, et quelque somme d'or, qu'on transporte en ce lieu d'Hoden, là où toutes ces choses se divisent, dont une partie va aux montagnes de Barcha, et de là arrive en Sicíle, partie à Thunes et par toute la cote de Barbarie ; le reste se conduit en ce lieu d'Argin, là où il se vend aux Portugaloys, tellement qu'on tire de ce lieu tous les ans de sept à huit cens têtes pour mener en

---

1. Le texte italien porte « e oro tibar. » Le mot arabe tibr a la signification de parcelle ou de lingot d'or ou d'argent.

Portugal ; duquel royaume les caravelles (autant que ce traficq fût mis sus) souloyent, chacun an, aborder à ce goulfe armées, tantôt troys, maintenant quatre, se jetoyent sur aucuns vilage de pescheurs et couroyent encore le plat païs. Si qu'elles enlevoyent de ces Arabes tant males que femelles qui se vendoyent en Portugal, et faisoyent le semblable par toute l'autre côte, qui tient à ce cap Blanc, et plus avant jusques au fleuve de Senega qui est tresgrand, separant une generation nommée Azanaghes d'avec le premier royaume des Noirs. Et sont ces Azanaghes bazanés, mais tirans sur le brun ; et font leur residence en certain lieu de cette côte, qui est par delà le cap Blanc, errans la pluspart d'entre eux par le desert qui confine avec les susnommés Arabes de Hoden. Ceux-cy vivent semblablement de dates, orge et lait de chameau ; mais pour etre plus prochains de la premiere terre des Noirs, ils pratiquent avec eux. Au moyen de quoy, ils en retirent du millet et quelques autres legumages et d'iceux ils soutiennent leur vie. Car ils sont gens de petite depence, suportans fort bien la faim, pour ce qu'avec une eculée de bouillie de farine d'orge, ils se maintiennent le long de la journée frais ; et font cela pour le default qu'ils ont des vivres.

Les Portugaloys (comme nous avons dit) enlevoyent de ceux-cy et les vendoyent pour les meilleurs esclaves de toute la terre des Noirs. Mais depuis certain temps en ça, tout a été reduit à paix, et au traficq de marchandise; tellement que le Seigneur Infant ne permet plus qu'on y face courses, ny aucun dommage, pour autant qu'il est tousjours en cette esperance qu'avec la familiere et amyable conversation des Chretiens, ils se pourront finalement reduire à notre foy, d'autant qu'ils ne sont pas encore trop bien confirmés en la loy et doctrine Mahommetane, fors de ce qu'ils en ont ouy reciter. Et ont ces Azanaghes une etrange façon de faire, portans un linge, dont ils s'entortillent la tete, laissant pendre un bout d'iceluy sur le visage, avec lequel ils se couvrent la bouche et partie du nés : disans que la bouche est une vilaine chose, par laquelle sortent continuellement ventosités, et mauvaises odeurs. Au moyen dequoy on la doit tenir cachée (comme ils disent) sans aucunement la montrer; tellement, qu'ils viennent à la comparer à la moins honnete des parties honteuses, dont par leurs raisons, ces deux parties (pour etre les plus ordes qui soyent sur la personne) se doivent tenir couvertes, de sorte, qu'ils ne decouvrent jamais la bouche, sinon à l'heure de manger et non autrement. Ils n'ont aucuns seigneurs entre eux, fors ceux qui excedent les autres en richesses, qui sont les plus honnorés et auxquels l'on porte plus grande obeissance qu'aux autres, pauvres gens, menteurs, larrons plus que tous les hommes et traitres de meme. Ils sont de commune stature et maigres, portant leurs cheveux crepés, par dessus les epaules, quasi à la mode des Alemans, mais ils sont noirs, et les oignent tous les jours de poys, qui leur fait rendre une puante odeur qu'ils estiment toutefoys pour une grande gentillesse [1].

---

1. Les Azanaghes, Zenagas ou Zanagas sont fort bazanez et brulez comme estans autour du tropique de l'Ecrevisse, mais non du tout noirs, comme ceux de plusieurs pays des Nègres. Ils sont maigres, de moyenne taille et ont les cheveux fort noirs et frisez qu'ils laissent croistre et pendre sur les épaules, les frottent tous les jours de certaine graisse de poisson qui les rend puans, bien qu'ils le tiennent pour gentillesse... Ils sont menteurs, larrons et grands traistres, mais sobres et d'un naturel qui supporte la faim longuement, veu qu'avec une escuelle de farine, ils se tiennent frais tout le jour. Tous s'occupent à garder le bestail pour ce que c'est de là que descend toute leur richesse. Ceux qui sont bien avant en terre n'ont pour leurs maisons que des tentes... Ils tiennent quelques cérémonies du Mahométisme à cause des Mores et Arabes voisins. Davity, L'Afrique, p. 377-78.

Quelle chose ils pensoyent être nos navires, les ayans premierement decouvertes.

Il fault entendre que ces Azanaghes n'ont eu cognoissance d'autres Chretiens que des Portugaloys, lesquels maintinrent la guerre à l'encontre d'iceux par l'espace de treize ou quatorze ans, pendant laquelle ils detinrent plusieurs captifs (comme j'ay auparavant recité) qu'ils vendirent pour esclaves. Vous asseurant que lors qu'ils decouvrirent premierement les voiles, ou navires flotter sur la mer (chose que leurs predecesseurs ny eux n'avoyent jamais veuë) ils pensoyent que ce fussent grans oyseaux avec des ailes blanches qui volassent, venant de quelque etrange contrée ; puis, voyant les voiles calées, aucuns d'entre eux prenoyent les vaisseaux pour quelque grand poisson les voyans de loing. Les autres vouloyent afermer que ce fussent fantomes, lesquels erroyent de nuict qui leur causoit une merveilleuse peur : et avoient cette opinion, pour autant que le soir, ils se trouvoyent souventes foys assaillis en un lieu, et la nuict même étoyent surprins encore à l'aube du jour cent milles plus outre, selon la côte, ou quelque foys plus en arriere, selon que l'avoyent ordonné ceux qui étoyent dans les caravelles et comme ils se trouvoyent avoyr le vent à souhait. Si que ces Azanaghes ne se pouvoyent persuader, que ce fussent humaines creatures. Car, (disoyent ils), s'il étoyt ainsi, comment pourroyent elles expedier si grand espace de chemin en une nuict, que nous ne saurions faire en troys jours? Mais ils en parloyent comme personnes du tout ignorantes de l'art de naviger, tellement qu'ils pensoyent fermement les vaisseaux être quelques fantomes. Et de cecy m'ont asseuré plusieurs Azanaghes qui étoyent esclaves en Portugal et les Portugaloys memes, qui de ce temps là, frequentoyent ces mers avec caravelles. Et de là peut on conjecturer combien ils étoyent nouveaux en nos faits, concevant telle opinion.

D'un lieu appellé Tegazza duquel on tire grande quantité de sel : là où il se porte ; par quel moyen et comment on en fait marchandise.

Au dessus de Hoden six journées en terre ferme, y a un lieu qui s'appelle Tegazza, qui signifie en notre langue, chariement d'or [1], là où se tire du sel en grande quantité, comme pierre que les

---

1. Ibn Batouta visita Taghâza en 1352, et il en a laissé la description suivante : « Après avoir voyagé vingt-cinq jours, nous arrivâmes à Taghâza, qui est un bourg sans culture et offrant peu de ressources. Une des choses curieuses que l'on y remarque, c'est que ses maisons et sa mosquée sont bâties avec des pierres de sel ; leurs toits sont faits avec des peaux de chameaux. Il n'y a ici aucun arbre ; le terrain n'est que du sable, où se trouve une mine de sel. On creuse dans le sol et on trouve des tables de sel gemme placées l'une sur l'autre comme si on les eût taillées et puis déposées par couches sous terre. Un chameau ne peut porter ordinairement que deux de ces tables ou dalles épaisses de sel.

Taghâza est habité uniquement par les esclaves des Messoufites,

Arabes et Azanaghes divisent en plusieurs parties, lesquelles ils portent à grandes caravannes à Tombut, et de là à Melli, empire des Noirs, où il n'est pas plus tôt arrivé, qu'il est enlevé en moins de huit jours, au pris de deux à troys cens mitigaux la charge, et vault le mitigal un ducat ou environ ; puis avec leur or font retour en leurs marches.

Tout le pourpris de cet empire est fort chaleureux et les herbages fort contraires aux animaux quadrupedes ; tellement que de quatre cens de ceux qui vont avec les caravannes, les vingt et cinq n'en feront retour ; et en ce païs ne s'en y peut nourrir, car ils viennent tous à mourir. Et encore plusieurs Arabes et Azanaghes y prennent des maladies qui les y font le plus souvent demeurer sans plus faire retour ; et sont causés ces inconvenients par l'extreme chaleur. Ils disent qu'il y a de Tegazza à Tombut environ quarante journées de cheval et trente de

---

esclaves qui s'occupent de l'extraction du sel ; ils vivent de dattes qu'on apporte de Dar'ah et de Segelmessa, de chair de chameau et de l'anli, sorte de millet importé de la contrée des nègres... Nous passâmes à Taghâza dix jours dans les souffrances et dans la gêne, car l'eau en est saumâtre et nul autre endroit n'a autant de mouches que ce bourg. C'est pourtant de ce bourg qu'on emporte la provision d'eau pour pénétrer dans le désert qui vient après ce lieu et qui est de dix jours de marche, et où l'on ne trouve pas d'eau, si ce n'est bien rarement. » Ibn Batouta, *Voyages publiés par C. Defrémery et le Dr B. R. Sanguinetti*. Paris, 1853-1858, tome IV, p. 377-378.

Tombut à Melli[1] : et m'étant enquis de ceux-cy, à quoy employent ce sel les marchans de Melli, il me fut repondu, qu'il s'en use en leurs païs quelque quantité : pour autant que la proximité qu'ils ont avec l'Equinoctial (là où continuellement la nuict egale le jour) il y a de grandes chaleurs en certain temps de l'an, au moyen dequoy le sang vient à se corrompre et putrifier, tellement qui si ce n'étoyt ce sel, ils en prendroyent la mort. Mais ils y pourvoyent par un tel remede : ils prennent une petite piece de ce sel qu'ils detrempent avec un peu d'eau dans une ecuelle de laquelle ils usent et boivent tous les jours, chose qui les contregarde et guerit. Le reste du sel ils transportent en pieces de telle forme et grandeur qu'un homme les puisse porter avec un engin et habillement sur la tête, un

---

1. « Meli s'étend sur un bras du Niger, environ trois cents milles, confinant du côté de Tramontane au royaume de Ghinée, devers Midy avec le désert et quelques apres montagnes : du Ponant se termine avec aucuns bois sauvages qui s'étendent jusque sur la mer Oceane, et de la partie du Levant avec le territoire de Gago. Il est abondant en grain, chair et coton, et y a un grand village contenant environ six mille feux, garni d'une infinité d'artisans, lequel s'appelle Melli, d'où le pays a pris son nom. » Léon l'Africain, *Description de l'Afrique*, tome II, page 150. Ibn Batouta a résidé à Melli pendant plus de six mois en 1353, et il nous a laissé une longue description de ce village et du roi Mensa Soleyman, qui gouvernait alors le royaume de Melli. Ibn Batouta, *Voyages*, tome IV, pages 397-425.

long voyage. Mais premierement, il est aporté à Melli sur des chameaux en deux grandes pieces, tirées de la mine, qui semblent propres à faire la charge des chameaux, un chacun desquels en porte deux pieces ; puis étant parvenus à Melli, ces Negres le rompent en plusieurs parties pour le porter sur la tete, de sorte que chacune personne en peut porter une piece, ce qu'ils font par long espace de chemin, avec un tel amas de gens à pied qu'ils ressemblent à un exercite ; et ceux qui le portent ont une fourchette en la main, la quelle ils fichent en terre, quand ils se trouvent lassés, apuyant le sel sur icelle, et en cette maniere, le conduisent jusques sur une certaine eau, laquelle ils n'ont seu raporter si elle est douce ou salée, pour savoir si c'est fleuve, ou mer. Mais je pense que ce soyt un fleuve, car si c'étoyt mer, pour être en un climat si chault, on n'auroyt que faire de porter du sel, que ces Noirs ne sauroyent charroyer autrement, pour ce qu'ils n'ont chameaux ny autres animaux pour le conduire, sinon en cette maniere, à cause qu'ils n'y pourroyent vivre, pour l'insuportable et excessive chaleur. Je vous laisse donq à penser quelle multitude de personnes est requise à porter ce sel, et combien est grand le nombre de ceux qui en usent. Or, ainsi qu'il est arrivé sur cette eau, ils font en cette manière : tous ceux, à qui apertient le sel, en font des montagnes de rang, dont chacun marque la sienne ; puis, tous ceux de la caravanne se retirent en arriere une demi journée, pour donner lieu à une autre generation des Noirs, qui ne se veulent laisser veoir, ny parler ; et viennent avec grandes barques, comme s'ils sortoyent d'une île, puis prennent terre ; et ayans veu le sel, mettent une quantité d'or à l'encontre de chacune montagne, se retirans et laissans l'or et le sel, puis étans partis, les autres retournent prenant l'or, si la quantité est raisonnable, sinon, ils le laissent avec le sel, vers lequel retournans les autres Noirs de l'or, ils prennent la montagne de sel qu'ils trouvent sans or et en laissent davantage aux autres montagnes si bon leur semble, ou bien laissent le sel. Et en cette sorte troquent cette marchandise les uns avec les autres, sans se veoyr ny parler par une longue et ancienne coutume, laquelle combien qu'elle semble fort etrange et dificile à croire, si est ce que je vous asseure en avoir été informé à la verité par plusieurs marchans, tant que Arabes qu'Azanaghes, voire et de personnes qui étoyent tant sufisantes, qu'on se pourroyt seurement reposer sur leurs paroles.

De la stature et forme d'aucuns, qui ne se veulent en sorte que ce soyt, exposer en veuë, et en quel lieu se transporte l'or qu'on retire d'iceux.

JE m'enquetay encore des marchands susnommés comme il se pouvoyt faire que l'empereur de Melli, si grand et puissant seigneur (comme ils le disoyent être), ne s'étoyt mis en diligence à trouver tous les moyens pour savoyr par force ou par amour, quelle maniere de gens sont ceux-cy, qui ne veulent permettre qu'on les voye, ny qu'on leur parle. A quoy ils me feirent reponce qu'il n'y avoyt pas longtemps qu'un empereur se resoulut totalement de faire prendre et venir entre ses mains, quelqu'un d'iceux; et ayant prins conseil sur cette matiere, et comme il y devoyt proceder, il fut arreté qu'aucuns de ses gens, un jour avant que la caravanne deut retourner arriere cette demye journée cy-dessus mentionnée, feroyent des fosses auprés du lieu où seroyent les montagnes de sel, dans lesquelles ils se tiendroyent en aguet, jusques à ce que ces Noirs viendroyent pour mettre l'or auprés du sel, et lors ils devoyent mettre la main sur iceux pour les mener à Melli. Ce qui fut fait et bien executé de point à autre, non autrement qu'il avoit été devisé, tellement qu'on en retint quatre, et les autres se meirent en fuite, gaignans le hault. Mais on donna liberté encore à troys de ces quatre, d'autant que l'un seulement pouvoyt sufire pour satisfaire au vouloyr de l'empereur et pour aussi ne donner à ces Noirs si grande occasion de facherie. Neantmoins, on ne seut jamais tirer une seule parole de cetuy-cy (encore qu'on luy usat de divers langages), ny le faire manger; de sorte, que quatre jours passés, il fut contraint de rendre l'esprit, ce qui fait estimer aux Noirs de Melli par l'experience que leur en donna cetuy-cy (ne voulant parler en sorte quelconque) qu'ils doivent être muets. Les autres pensent qu'ayant la forme d'homme, il ne peut être qu'ils ne sachent former l'accent humain, mais que par dedain que cetuy-cy conceut étant irrité (pour avoyr veu user d'un autre traitement envers ses compagnons, que non pas en son endroit), il ne voulut aucunement repondre à ce qu'on luy demandoyt, et par sa mort aporta aux Noirs de Melli une merveilleuse facherie, d'autant que ce qu'ils en avoyent fait, n'avoyt peu aporter contentement, ny satisfaire à la volonté curieuse de leur seigneur, vers lequel ayant fait retour, luy raconterent par le menu comme le tout s'étoyt passé ; dequoy il demeura passionné au possible, et leur ayant demandé qu'elle étoyt la stature d'iceux et corpulence, repondirent que c'étoyent gens tresnoirs, bien formés de corps, les excedans d'une palme en hauteur ; et ont (dirent-ils) la levre de dessus petite, de telle proportion que sont les notres, mais celle de dessous, large presque d'une palme, grosse et rouge, semblant jeter par dedans comme du sang. Au moyen dequoy, par cette diformité, ils avoyent les gencives decouvertes et les dens, qu'ils disoyent être plus grandes que les leurs, et les yeux noirs, qui leur rendoyent un regard fier et depiteux, avec ce que de leurs gencives distiloyent sang, tout ainsi comme des levres. Et de fait, *pour tel respect tous les empereurs se sont deportés de plus poursuivre telle entreprinse*, sans qu'ils se soyent voulu enquerir plus outre, pour autant que par la prinse et mort de ce Noir, les autres s'en sentirent tant ofencés, que par l'espace de troys ans, ils desisterent de plus venir enlever ce sel avec l'or à la maniere acoutumée. Et croyent ces Noirs de Melli, que les levres des autres Noirs commencerent à se corrompre et putrefier à cause de leurs païs, qui sont si extremement chaleureux, et plus que ne sont ceux où habitent les autres ; de sorte qu'ayans suporté telle infirmité et mort par l'espace de troys ans, pour n'avoyr autre moyen à se mediciner, enfin ayans enduré jusques à l'extremité, furent contrains de reprendre et renouveler leur ancienne coutume pour retourner querir du sel sans lequel (comme l'on peut conjecturer par cecy), ils ne pourroyent vivre longuement. Car on juge de leur mal par l'experience qu'on eut de cetuy-cy : avec ce que l'Empereur n'a pas grand pensement s'ils veulent parler ou non, moyennant que le profit de l'or luy en revienne. C'est tout ce que j'ay peu entendre quant à cecy ; dequoy étant acertené par tant de personnes, je ne sauroys penser qu'il ne soyt ainsi, et le pouvons tout croyre. Ce que de ma part je veux faire pour avoyr aussi veu et seu quelque chose du monde, qui ne me semble moins etrange que cette-cy.

L'or qui se porte à Melli par tel moyen est divisé en troys parties : la premiere se transporte avec la caravanne tenant le chemin de Melli, à un lieu nommé Cochia [1],

---

1. Au lieu de Cochia, il faut lire Kougah ou Gagoa. « Ce royaume a tiré son nom de sa ville capitale... Elle n'est pas ceinte de murailles et ses maisons sont communément laides et mal basties y ayant toutes fois quelques unes qui ont assez d'apparence et qui sont

qui est la route qu'il fault tenir pour aler au Caire et en Surie. La seconde et tierce partie vient avec une caravanne de Melli a Tombut, où il se part; et de là une partie est portée à Tret, d'où elle se charroye vers Thunes

commodes entre les quelles est le palais du roy et celuy qu'il a particuliérement pour un grand nombre de femmes, de concubines, d'esclaves et d'eunuques qui gardent cette marchandise... L'on void venir à la ville un nombre incroyable de Negres qui portent de l'or afin de le troquer avec les marchandises d'Europe et de Barbarie. Mais ils n'en trouvent jamais tant qu'elles puissent monter à la valeur de leur or, si bien qu'ils sont contraints d'en rapporter la moitié ou les deux tiers. » Davity, *L'Afrique*, page 397.

Cougha, dit Edrissy, est située sur le bord septentrional du Nil, dont ses habitants boivent les eaux. C'est une dépendance du Wangara, mais quelques-uns des noirs la placent dans le Canem. C'est une ville bien peuplée, non entourée de murs, commerçante, industrieuse, et où l'on trouve les produits des arts et métiers nécessaires à ses habitants. Les femmes de cette ville se livrent à l'exercice de la magie, et l'on dit qu'elles sont très versées, très habiles et très renommées dans cet art, de sorte qu'on parle de magie coughéenne. *Description de l'Afrique et de l'Espagne par Edrisi*, publiée par MM. R. Dozy et M. J. de Goeje. Leyde, 1866, pages 11 et 12.

A neuf journées d'Anbara et à quinze de Ghana se trouve la ville de Kougha, dont les habitants sont musulmans, bien que toute la population des alentours soit livrée à l'idolâtrie. La plupart des marchandises que l'on y apporte consistent en sel, en cauris, en cuivre et en euphorbe; ce dernier objet et les cauris y ont le plus de débit. Dans les localités voisines, on trouve un grand nombre de mines qui fournissent de la poudre d'or; de tous les pays des nègres, c'est celui qui produit la plus grande quantité de ce métal. *Description de l'Afrique septentrionale par El Bekri, traduite par Mac Guckin de Slane.* Paris, 1859, page 390.

de Barbarie, par toute la cote de dessus, et l'autre partie va à Hoden, que nous avons cy dessus mentionné, puis de là s'épand vers Oran et One [1] (lieux encore de la Barbarie dans le detroit de Gibraltar), Fez, Maroc, Arzile [2], Azafi [3] et Messa [4] qui sont de la Barbarie hors le detroit. Et s'enleve de ce lieu par les marchans Italiens, avec diverses autres marchandises qu'ils donnent en contrechange. Mais pour revenir sur mes brisées, cet or est tout le meilleur qui se puisse tirer des païs sus-

---

1. One est la corruption du nom de Honeïn. « La première province maritime du royaume d'Alger du costé d'ouest et plus proche de celuy de Fez est celle de Humanbar, tirant son nom de sa ville capitale, que Léon et Sanut appellent Hunaim, les cartes Humain et Marmol One disant que les Africains l'appellent Deyrat Hunayn... Son port est petit et fortifié de deux tours qui l'asseurent de chaque costé et ses murailles sont fortes, principalement du costé de la marine. Ses maisons sont belles, basties de briques de diverses couleurs avec leurs murailles à la mosaïque et presque chacune a son puys d'eau douce. » Davity, L'Afrique, page 182.

2. Arzilla ou Azella est située sur le bord de l'Océan Atlantique, à soixante-dix milles du canal de Gibraltar et à cent vingt milles de Fez. Cette ville, détruite et rebâtie à plusieurs reprises, était, à la fin du XVIe siècle, entre les mains des Portugais. Cf. Livio Sanuto, Geografia, fol. 45 r°.

3. Safy était au XVe siècle entourée d'une forte muraille flanquée de quatre-vingts grosses tours. Elle fut prise en 1507 par les Portugais sous le règne du roi Emmanuel.

4. Messa, dans la province de Sous, est une ville divisée en trois parties ceintes chacune de murailles. Elle est bâtie sur le bord de l'Océan, au pied de l'Atlas ; elle portait autrefois le nom de Temest.

nommés et terres des Azanaghes ou basanés. Pour ce que de celuy qui se transporte à Hoden (comme nous avons dit) on en conduit sur les rivieres de la mer, que l'on vend puis aux Portugaloys, lesquels resident journellement en l'ile d'Argin pour le traficq des marchandises en troque d'autres choses.

*Quelle monnoye se depend entre les Azanaghes,
et de leur coutumes.*

EN ce païs des Bazanés ne se bat aucune monnoye, encore moins en savent ils user; et ne s'en trouve en aucun des autres lieux susnommés, mais tout leur fait et traficq est à donner en contrechange chose pour autre, ou deux pour une, et par telle maniere se maintiennent. Il est bien vray, qu'en plat païs (comme il m'a été dit) ces Azanaghes, et encore les Arabes en aucuns lieux, ont coutume d'employer quelques porcelettes blanches, de celles qu'on aporte à Venise du Levant, desquelles ils donnent un certain nombre selon la valeur, des choses qu'ils veulent acheter. Ils vous avisent qu'ils vendent l'or au poys du mitigal, comme s'en est la coutume en Barbarie. Ceux qui font residence en ce desert, ne tiennent foy, ny loy, et n'ont aucuns seigneurs naturels, fors ceux qui possedent les plus grandes richesses et ont plus veu du monde, et ainsi en use on en plusieurs lieux. Les femmes de ce païs sont bazanées, lesquelles ont coutume de porter certaines petites gonnelles qui sont aportées de la terre des Noirs, avec aucunes de ces capettes desquelles nous avons cy-dessus parlé, que l'on nomme alcheseli, sans qu'elles vetent aucunes chemises. Et celle qui a les plus longues tetasses est estimée et tenue pour la plus parfaite et accomplie en toute beauté, tellement que pour la grande envie qui les point d'être tenues pour telles, et afin qu'elles emportent cet honneur de les avoyr plus grandes et plaisantes, elles ne sont pas plustôt parvenues à dix-sept ou dix-huit ans (auquel aage l'estomac commence à poindre et se haucer) qu'elles s'etraignent d'une corde à travers le corps, qui ceint les tetins si etroitement, qu'ils s'en viennent à rompre par le milieu, tellement qu'elles les deracinent; et pour les tirer incessamment, les font croitre et alonger si fort qu'à aucunes ils pendent et viennent battre sur le nombril, étans estimés les plus longs comme pour une chose tresrare et singuliere.

Ce peuple use de chevaux mores, mais il ne s'en trouve pas guere en ces parties, d'autant que le païs est sterile, au moyen dequoy on ne les y sauroit maintenir; même les habitants n'y sont de longue durée, pour les grandes chaleurs qui leur avancent leurs jours. Les parties de ce desert sont fort chaleureuses, et d'autant plus seiches et arides qui y font manquer l'eau, dont il n'y a que bien peu. Au moyen de quoy la sterilité y est grande, et ny pleut sinon en troys moys de l'année, qui sont Aout, Septembre et Octobre. Il me souvient encor d'y avoyr veu une grande quantité de locustes volans, de la longueur d'un doit, lesquelles sont de la forme de celles qu'on void sauter parmy les prés ; vray est, qu'elles sont plus grosses, jaunes et rouges; et se montrent, en l'air en certain temps, en si grand nombre, que par l'epeisseur d'iceluy, la clairté du soleil en est obscurcie; et se void tout le contour, par l'espace de dix à douze milles, tant que la veuë de l'homme se peut etendre, couvert de cette vermine autant l'air comme la terre, qui est une chose merveilleuse à regarder, tant qu'il ne demeure chose aucune, là où elles se posent, que tout ne soyt detruit. Dores et que ces peuples prennent cela pour le grand mal-heur qui sauroyt venir contre eux. Car si cela avenoyt chaque année, il seroyt impossible de dresier en ces païs là, qui, par ce moyen, demeureroyent inhabitables. Mais ces animaux ne s'y transportent sinon une foys en troys ou quatre années. Et du temps que j'y passay, il y en avoyt une infinité sur la marine.

Du grand fleuve appellé le ruisseau de Senega, anciennement nommé Niger et comme il fut retrouvé.

DEPUIS que nous eumes outrepassé le cap Blanc, nous navigeames à veuë tousjours d'iceluy, tant que par nos journées nous parvinmes au fleuve qu'on nomme le ruisseau de Senega qui est le premier et le plus grand de toute la terre des Noirs; et entrames par cette côte là où ce fleuve separe les Noirs d'avec les Bazanés, qu'on nomme Azanaghes, divisant semblablement la terre seiche et aride (qui est le desert susnommé) d'avec le païs fertile, qui est celuy des Noirs[1]. Et cinq ans avant que je me meisse à la route de ce voyage, ce fleuve fut decou-

---

1. Au dire des indigènes résidant sur les bords du Senega ou Senegal, le nom de ce fleuve serait la corruption de celuy de Sanhadja ou Zenaga, tribu berbère dont il a été question précédemment. Selon une autre tradition, les premiers Européens qui abordèrent sur cette côte ne rencontrèrent aucun habitant mâle : aux questions

vert par troys caravelles du Seigneur Infant, qui entrerent dans iceluy et traiterent paix avec ces Noirs, parmy lesquels ils commencerent à demener le train de marchandise ; en quoy faisans d'année à autre, plusieurs navires s'y sont transportées de mon temps [1].

qui leur furent adressées les femmes répondirent : *Tia-senou-gal* (ils) sont sur nos bateaux.

Les Mandingues et les Zenagas lui donnent le nom de Bafing qui a la signification de fleuve noir, les Ouolofs celui de Denguèh : d'autres peuplades noires l'appellent Senedec et dans les temps anciens ce fleuve était appelé Mayo et Salle, du nom des tribus qui habitaient ses rives.

On peut consulter sur le cours du Sénégal l'*Asia*, de Barros, décade I, livre III, chapitre VIII.

J.-B. Labat, *Nouvelle relation de l'Afrique occidentale, contenant une description exacte du Sénégal et des païs situés entre le cap Blanc et la rivière de Sierre lionne*. Paris, 1728, 5 vol.

Cette relation a été composée par le P. Labat sur les notes et mémoires rédigés par le Sr Bruē, directeur de la compagnie du Sénégal en 1697 et 1714.

Mungo Park, *Voyages dans les contrées intérieures de l'Afrique faits en* 1795, 1796, 1797. Ces voyages, publiés à Londres en 1799, ont été traduits en français par Castera en 1800.

Dernier voyage dans les contrées intérieures de l'Afrique fait en 1805. Londres, 1815 ; la traduction française a paru en 1820. Une édition populaire a paru à Édimbourg en 1842. *The life and travels of Mungo Park, also an account of the progress of African discovery*.

Walckenaer, *Recherches géographiques sur l'intérieur de l'Afrique*. Paris, 1821.

Le Sénégal qui prend sa source sur le plateau des Mandingues a été considéré pendant longtemps comme un affluent du Niger.

1. Le fleuve du Sénégal fut découvert en 1446, par Diniz Fernan-

Ce fleuve est grand et large en bouche de plus d'un mille, étant assés profond, et fait encore une autre bouche un peu plus avant avec une ile au milieu. Par ainsi, il s'embouche dans la mer en deux endroits, à chacun desquels il fait plusieurs bans d'arene et levées, qui se jetent au large dans la mer par l'espace d'un mille ; et en ce lieu, monte la marée et cale de six à six heures, dont le montant se jete avant dans le fleuve par plus de soissante milles, selon que j'en ay eté informé par les Portugaloys, qui ont navigé dans iceluy longuement. Et qui y veult entrer, fault qu'il voyse selon l'ordre des eaux, pour cause de ces levées, qui sont à la bouche d'iceluy fleuve, depuis lequel jusques à cap Blanc, on compte troys cens octante milles, étant la côte toute areneuse, jusques auprès de cette bouche environ vingt milles ; et s'apelle la côte d'Anterote, laquelle est du domaine des Azanaghes bazanés. Et me semble fort etrange et admirable, que de là le fleuve, tous les peuples sont tresnoirs, grans, gros, de belle taille, bien formés, le païs verdoyant, peuplé d'arbres et fertile ; et

---

dez, gentilhomme de la maison du roi Dom Juan. Diniz Fernandez arma une caravelle dans le dessein de découvrir des terres inconnues. Il captura quatre nègres Ouolofs qui se trouvaient dans un bateau de pêche et les amena à Lisbonne. Barros, *Asia*, Décade I, livre I, chap. IX.

deça, les habitants se voyent maigres, essuis, de petite stature, et le païs sec et sterile. Ce fleuve (comme plusieurs sont d'opinion) est une branche de Gion, qui prend son origine au paradis terrestre et fut nommé Niger par les anciens; lequel Gion arrousant toute l'Ethiopie et s'aprochant près de la mer Oceane devers Ponant (là où il s'embouche) jete plusieurs autres branches et fleuves, outre cetuy-cy de Senega. L'autre bras qu'il jete encore, est le Nil, qui passe par l'Egypte, et se joint avec notre mer Mediterranée. Telle est l'opinion de ceux qui se sont, avec travail, delectés à cercher le monde et s'enquerir des merveilles d'iceluy.

Du royaume de Senega et de ses confins.

LE païs de ces Noirs sur le fleuve de Senega est le premier royaume des Noirs de la basse Ethiopie, et les peuples qui habitent aux rivages d'iceluy, s'appellent Giloses [1]. Toute la côte et cette region dont nous avons cy dessus fait mention, consiste tout en plat païs jusques à ce fleuve, et par delà encore; tant qu'on parvient à cap Verd, qui est païs relevé et le plus hault qui soit en toute la côte,

---

1. Il faut lire Gilofes, au lieu de Giloses, leçon fautive que l'on trouve dans les éditions italiennes, latine et française de Ca da Mosto. Les Gilofes, Yolofs ou Accolofs, habitent la basse Sénégambie. La contrée dans laquelle ils sont fixés s'étend au nord jusqu'au fleuve du Sénégal, qui les sépare des Arabes du Sahara; au sud elle a pour limite le pays occupé par les peuples établis sur les rives de la Gambie. L'océan Atlantique baigne à l'ouest leur pays, qui est limitrophe à l'est du Toro et du Fouta Sénégalais.

c'est à savoyr quatre cens milles plus outre qu'iceluy cap. Et selon ce que j'ay peu entendre, ce royaume de Senega confine du coté de Levant avec un païs nommé Tuchusor[1], devers Midy, avec le royaume de Gambra, de la partie de Ponant, avec la mer Oceane, et du coté de Tramontane, se joint avec le fleuve susnommé, qui separe les Bazanés d'avec ces premiers Noirs.

1. Le mot de Tuchusor, qu'on lit dans toutes les éditions, doit être corrigé en Tuchulor, mot que nous avons changé en celui de Toucouleurs ou Toucoulor. Les Toucoulors, dont le nom ne dérive pas, comme on l'a prétendu, des deux mots anglais *two colours*, sont fixés sur la bande de terrain qui s'étend sur la rive gauche du Sénégal, du Oualo au Galam.

En quelle maniere l'on procede à la creation des roys de Senega, et comment ils se maintiennent en leur etat.

Au temps que j'arrivay en ces parties là, le roy de Senega se nommoyt Zucholin, qui pouvoyt avoir ataint la vingt et deuxieme année de son aage; et ne peut on parvenir à la succession de ce royaume comme par droit hereditaire. Mais en iceluy se trouvent plusieurs seigneurs, lesquels quelquefoys eguillonnés par jalousie de leurs domaines, se rangent troys ou quatre ensemble, et creent un roy selon leur fantaisie, l'elisans de noble race, entre les mains duquel le gouvernement demeure tant qu'il plait à iceux seigneurs l'y maintenir, et selon le bon traitement qu'il use à leur endroit; mais, le plus souvent, ils l'expulsent et chassent par force. Combien qu'il s'en trouve d'aucuns, qui, après avoyr été constitués roys, augmentent tellement leurs forces et se rendent si puissans, qu'ils ont le moyen d'eux defendre contre tous ceux qui se declairent autres que leurs amis. Tant y a, que le domaine n'est pas stable, ny asseuré comme est celuy du Soudan du Caire. Mais celuy qui en est jouyssant, demeure tousjours en suspens d'être meurtry ou expulsé de son royaume. Le semblable n'est aux notres de Chretienté, pour ce qu'il est habité de pauvres personnes et sauvages, sans qu'il y ayt aucune cité fermée, sinon vilages garnis de maisons de paille, pour autant qu'ils n'ont pas l'art de les fabriquer en maçonnerie, à cause que la chaulx leur defaut et ne sauroyent faire la brique. Il est semblablement de petite etendue. Car, selon la côte, il ne s'avance pas plus hault de deux cens milles, et peut contenir en largeur autant d'espace, comme j'en ay été informé.

Le roy n'a pas certain revenu des daces et gabelles; mais les seigneurs pour se maintenir en grace, luy font present, par chacun an, de quelques chevaux qui sont fort de requete, pour autant que le nombre en est petit; et s'y trouve quelque betail comme vaches, chevres, avec des legumages, millets et autres choses semblables. Ce roy se maintient encore de pillages qu'il fait de plusieurs esclaves sur le païs, comme sur ses voisins, desquels il se sert de plusieurs manieres, et sur tout à faire cultiver ses possessions; avec ce qu'il en vend un grand nombre aux Azanaghes et marchans Arabes, qui arrivent sur ses marchés avec chevaux et autres choses. Il en delivre encore aux Chretiens depuis qu'ils ont commencé à contracter marchandise en ces païs. Et luy est permis de tenir tant de femmes que bon luy semble, comme aussi le peuvent faire les seigneurs, et gens ignobles, ayant sufisamment le moyen de les nourrir. Par ainsi, ce roy en a tousjours de trente en sus, combien qu'il tient plus de compte des unes que des autres, selon la noblesse de leur race et tyge duquel elles sont provenues et la grandeur des seigneurs, leurs peres.

Telle est la maniere de faire de laquelle il use à l'endroit de ses femmes, desquelles il tient dix ou douze en certains lieux et vilages siens, et semblable nombre en quelque autre lieu, là où chacune est logée dans une maison à part et sequestrée des autres, ayant certain nombre de chambrieres, qui sont ordonnées pour leur service, et quelque quantité d'esclaves pour cultiver les terres et possessions qui leur sont par ce seigneur asseurées, à fin que par l'usufruit d'icelles, elles puissent honnorablement maintenir leur etat. Elles ont, outre ce, certaine quantité de betail comme vaches et chevres pour leur usage, qui sont gouvernées par les esclaves, et ainsi, sement, recueillent et vivent. Et lors que le roy se veult transporter en aucun de ses vilages, il ne luy fault nuls vivandiers, car il ne fait point porter de vivres après soy ny chose aucune, pour autant que ces femmes qui demeurent aux lieux où il s'achemine, le defrayent, avec toute sa suite. Donq chacune d'icelles, tous les matins, à soleil levant, drece troys ou quatre mets ou services, les uns de chair et les autres de poisson, avec quelques autres aprets de viandes moresques, selon leur mode, qu'elles envoyent par leurs esclaves à la depence du roy; tellement qu'il s'y trouve en moins d'une heure, plus de quarante ou cinquante services. Et lorsqu'il vient au seigneur apetit de manger, il trouve ses viandes toutes apareillées, sans en avoyr autre pensement; puis, il retient ce qui revient à son gout, delaissant le reste à ceux qui luy ont fait compagnie. Mais, il ne leur compartit les viandes en si grande abondance qu'ils ne emportent tousjours l'apetit se levant du repas. En cette maniere va le roy d'un lieu à l'autre, couchant tantôt avec l'une, maintenant avec l'autre de ses femmes, tellement qu'elles luy conçoivent un grand nombre d'enfans. Car incontinent qu'il cognoît l'une d'icelles être enceinte, il la laisse sans plus la toucher, ny avoir sa compagnie, coutume qui est semblablement observée par tous les autres seigneurs du païs.

De la foy de ces premiers Noirs.

LA foy mahommetane est observée par ces premiers Noirs, mais non pas si etroitement comme des Mores blancs, et mêmement par le populaire. Les seigneurs tiennent l'opinion des Mahommetans, pour ce qu'ils ont auprès d'eux de ces Azanaghes ou bien Arabes (dont aucuns se voyent acheminer en ces païs) et leur donnent des preceptes, leur mettant au devant qu'il seroit mal seant d'avoir la jouyssance de grandes seigneuries, sans avoir semblablement la cognoissance des loix et commandemens du Seigneur, et ne diferer en rien à la mode de vivre du peuple infime qui n'a aucune loy. Tellement que pour n'avoir iceux seigneurs autre conversation, ny pratique que celle des Azanaghes ou Arabes, ils ont été reduis à la foy mahommetane; mais ils y procedent plus froidement, depuis qu'ils sont venus à prendre cognoissance et familiarité avec les Chretiens.

De la maniere des habits et coutumes des Noirs.

CES peuples-cy vont quasi continuellement sans se couvrir d'aucune sorte d'habillemens, fors qu'ils portent un cuir de chevre façonné en forme d'un hault de chausses avec lequel ils se couvrent les parties secrettes. Mais les seigneurs et gens d'autorité vêtent des chemises de cotton, pour ce que ce païs en produit une grande quantité, que les femmes filent, et duquel elles font des draps de la largeur d'une palme, mesure qu'elles ne peuvent exceder, à cause qu'elles ne savent faire les pignes pour les tisser. Tellement qu'il faut coudre quatre ou cinq pieces de ces draps ensemble, quand on veult faire quelque ouvrage de largeur. Leurs chemises viennent jusques à demye cuisse, et sont les manches larges qui ne passent la moitié du bras.

On y use, outre ce, de certaines chausses de ce même drap, qui leur montent jusques à la ceinture et batent jusques sur la chevillle du pied, d'une largeur demesurée, dont il y en a de telles qui contiennent en fond, trente, trente cinq et bien souvent jusques à quarante palmes ; lesquelles ayans ceintes à travers le corps, sont fort repliées pour leur ample largeur et longueur, si qu'elles viennent prendre la forme d'un sac au devant et d'un autre par derriere, trainant jusques à terre en forme d'une quëuë, qui est une chose la plus contrefaite et ridicule du monde, pour ce qu'ils portent un habillement long, avec cette queuë, dequoy ils se contentent si bien qu'ils nous demandoyent s'il étoyt possible que nous eussions veu chose plus plaisante, ny plus belle façon d'habits qu'étoyt celle là, qu'ils reputent pour la mieux seant qu'on puisse porter. Les femmes vont toutes decouvertes depuis la ceinture en sus, tant mariées qu'autrement ; et de la ceinture en bas, s'afublent d'un petit linceul de ces draps de cotton, ceint à la traverse, lequel leur va jusques à my-jambe ; et vont tous pieds nus tant hommes que femmes, tenant la tete nue, sinon que de leurs cheveux, ils font quelques tresses assés mignonement ajancées et liées en diverses manieres ; mais naturellement, ils ne portent leurs cheveux plus longs que d'une palme.

Les hommes de ces païs s'adonnent tous à l'exercice de plusieurs labeurs feminins comme à filer, faire la buée et autres choses. L'air y est tousjours chaleureux, et plus on s'avance en là, tant plus grande chaleur vient on à sentir; tellement que les froidures sont plus grandes au moys d'Avril en nos regions, qu'au moys de Janvier en ces marches là, dont les hommes et femmes sont fort nettes de leurs personnes, à cause qu'elles se lavent troys ou quatre foys le jour. Mais on y mange fort salement, sans garder un seul point de civilité; et aux maniements des choses qui ne leur sont experimentées, on les trouve fort simples et peu rusés; mais ils ne se montrent pas moins expers en ce qu'ils ont pratiqué que nous autres. Ce sont gens de grandes paroles, et n'ont jamais fait qu'ils n'ayent tousjours quelque chose à repliquer; au reste, menteurs au possible et grans trompeurs, autrement fort charitables, pour ce qu'ils ne lairront passer aucun étranger sans luy donner à boire et manger pour un repas en leur maison, ou bien le logent pour une nuict, sans en demander aucune recompense.

Des guerres qui surviennent entre eux et de leurs armes.

SOUVENTES fois ces seigneurs des Noirs se guerroyent entre eux, et le plus souvent encore, ils vont assaillir leurs voisins; mais ils demenent leur fait de guerre à pied, pour autant qu'ils ont peu de chevaux, qui ne sauroyent vivre pour la trop vehemente chaleur, comme j'ay dejà dit auparavant. Ils ne portent aucun harnoys d'endosseure, pour n'en avoyr d'aucune sorte, avec ce, qu'ils ne pourroyent suporter le travail à cause de la grande chaleur. Au moyen dequoy, ils n'usent seulement que de targues et rondelles, lesquelles sont couvertes de cuir d'un animal, qu'ils appellent Vanta[1], pour ce qu'il est fort dur à ouvrer.

[1]. Au lieu de Vanta, il faut lire « Lamt. » Parmi les animaux qui habitent le désert, on remarque le lamt, quadrupède moins grand

Pour armes ofensibles, ils portent zagayes, qui sont en façon de dards legers, lesquelles ont une palme de fer environnée de petits crampons ou poinsons, posés menu et fort subtilement en diverses manieres, tellement qu'au retirer d'où il est entré, il dechire toute la chair ce qui rend cette arme tresdangereuse. Ils portent outre ce, deux gannes moresques, qui sont en forme de cimeterres turquesques, forgées de fer simplement, sans aucun acier. Car ils n'ont sinon du fer, qui leur est aporté du royaume des Noirs lequel se trouve plus outre, et d'iceluy font batre leurs armes. Mais ils n'ont point d'acier, comme j'ay dejà dit, et s'il y en a dans les minieres, ils ne le savent trier, ny dicerner d'avec le fer, joint aussi qu'ils n'ont pas le moyen de le tirer. Ils s'aident encore d'une autre sorte d'armes de hast qui est comme une javeline. Au reste, ils n'usent d'autres armes. Leurs guerres sont tresmortelles, à cause qu'ils ont le corps desarmé, joint aussi, qu'ils ne tirent coups à l'ennemy, qui ne porte et touche, tellement qu'il s'en tue assez. Ce sont gens hardis et brutaux, qui, à tout

que le bœuf, et dont les mâles, ainsi que les femelles, portent des cornes minces et effilées... Les boucliers les meilleurs et les plus chers sont faits avec la peau de vieilles femelles. (*Description de l'Afrique septentrionale par el Bekri, traduite par Mac Guckin de Slane.* Paris, 1859, page 374.)

hazard, se lairroyent plus tot oter la vie, que de marcher un seul pas en arriere, ny montrer le moindre signe de couardise, encore qu'ils le peussent faire ; et ne s'intimident en rien, combien qu'ils voyent tomber mort leur compagnon par terre, ains comme faits à cela, et rejetant toute crainte de mort, ne s'en étonnent nullement. Ils n'ont aucunes navires et n'en avoyent jamais eu la veuë, sinon depuis qu'ils ont prins cognoissance avec les Portugaloys. Vray est que ceux qui habitent sur ce fleuve, et aucuns de ceux qui font residence sur la marine, ont aucunes almadies[1] d'une piece, dans lesquelles peuvent entrer de troys à quatre hommes aux plus grandes, et avec icelles vont quelque foys pescher, puis traversent le fleuve de rive à autre, et sont ceux-cy les plus parfaits à la nage qui se pourroyent trouver en toutes les parties du monde, par l'experience que j'en ay veu faire à aucuns d'iceux.

---

1. Almadié est un mot emprunté à la langue arabe, qui a passé dans l'espagnol et le portugais et désigne une pirogue creusée dans un tronc d'arbre. Cf. Jal, *Glossaire nautique*. Paris, 1848, pages 105 et 106.

Du païs de Budomel, et du seigneur d'iceluy.

JE passay le fleuve de Senega avec ma caravelle, sur laquelle navigeant, je parvins au païs de Budomel, qui est distant d'iceluy fleuve par l'espace de huit cens milles selon la côte, qui est toute basse et sans montagne depuis ce fleuve jusques à Budomel[1], lequel nom est le titre du seigneur, et non pas celuy du païs même : car on l'appelle terre de Budomel comme païs d'un tel seigneur ou conte, pour auquel parler, je prins terre là. Joint aussi, que j'avoys été informé par aucuns Portugaloys (lesquels avoyent eu afaire avec luy) que c'étoyt un seigneur fort plein de courtoisie et homme de bien, et auquel on se pouvoit

---

1. Boudamel ou Bour-Damel a la signification de prince souverain. C'est le titre porté par le roi de Cayor.

fier, et payoit raisonnablement la marchandise qu'il prenoyt. Au moyen de quoy, ayant dans mon vaisseau quelques chevaux d'Espagne, qui étoyent de requete au païs des Noirs, avec autres choses, comme draps de laine, ouvrages de soye moresques et autre marchandise, je me deliberay d'eprouver mon aventure avec ce seigneur. Et ainsi, je feys encore voile plus outre à un lieu en la côte de ce païs qu'on appelle la palme de Budomel, qui est une baye et non un port, là où étant abordé, je feys entendre à ce seigneur comme j'étoys arrivé sur ses terres, avec quelques pieces de chevaux et autres choses pour l'en acommoder et servir s'il en avoyt besoin. Ce qu'ayant entendu, il se meit à la route de la marine, acompagné de quinze chevaux et cent cinquante fantes. Puis il m'envoya dire si c'étoyt mon plaisir de prendre terre et l'aler visiter, m'asseurant qu'il s'eforceroyt de me faire tout l'honneur et bon traitement de tout ce qu'il se pourroyt aviser. Par quoy, étant assez acertené de sa preud'hommie, je ne feys faute de m'y acheminer et il me receut fort humainement et avec grandes caresses, après lesquelles et quelques propos tenus entre nous familierement, je luy presentay mes chevaux et tout ce qu'il voulut avoyr de moy, ne me defiant aucunement de la bonté qui l'acompagnoit. Et il me pria de me vouloyr transporter jusques en sa maison, distante de la marine par l'espace de vingt et cinq milles, là où il me satisferoit de ce qui me seroyt deu raisonnablement, pourveu qu'il me fut agreable d'atendre quelques jours, au bout desquels il me promettoyt de me donner quelques esclaves pour cela qu'il avoyt receu de moy, qui étoyt sept chevaux harnachés et autres choses qui me pouvoyent revenir à trois cens ducats. Et pour ces causes, je me meys en sa compagnie. Mais avant que nous feissions depart, il me donna d'entrée une fille agée de douze à treize ans qu'il estimoyt merveilleusement belle, pour ce qu'elle étoit fort noire ; et me dit qu'elle me serviroyt en la chambre, laquelle ayant accepté, je l'envoyay dans ma caravelle. Vous asseurant que je me meys en chemin tant pour recevoyr mon payement, comme pour être curieux de veoyr et entendre quelques nouveautés.

Du seigneur de Budomel lequel commit Messer Alouys sous la garde d'un sien neveu nommé Bisboror; et combien les Noirs de ces marines sont expers à la nage.

OR, avant notre depart, ce seigneur me fournit de monture et de ce que me faisoyt besoin; puis etant parvenus à quatre milles près de sa demeurance, il m'enchargea à un sien neveu nommé Bisboror, seigneur d'un petit vilage, où nous étions arrivés, lequel me receut en sa maison, où je sejournay par l'espace de vingt et huit jours pendant lesquels il me feit tousjours honneur et bonne compagnie et je fus plusieurs foys visiter le seigneur de Budomel, mais son neveu ne me abandonnoyt jamais, tellement que j'eus le moyen de veoyr quelque chose de la maniere de vivre qu'on tient en ce païs, de quoy je feray mention cy-dessouz et tant plus grande commodité eus-je de veoyr, d'autant que je fus contraint de retourner par terre jusques au fleuve de Senega, à cause qu'il survint un si mauvais temps en cette côte, qu'il fut force (me voulant embarquer) de faire aborder mon bateau à ce fleuve et m'en aler par terre où entre autres choses singulieres, j'en veys une, qui ne merite d'être celée, laquelle fut, que voulant envoyer une lettre à ceux de ma caravelle pour leur faire entendre qu'ils me vinssent prendre à ce fleuve auquel je m'acheminoys par terre, je demanday entre ces Noirs, s'il se pourroyt trouver quelque bon nageur qui entreprînt de porter cette lettre à mes gens qui étoyent à l'ancre troys milles dans la mer, à quoy me fut soudainement repondu que ouy. Mais pour autant que le vent étoyt grand et assez impetueux, ce me sembloyt être une chose impossible, et qu'un homme en peut venir à fin ; et mêmement, qu'auprès de terre à la portée d'un arc y avoyt des bans d'arene et d'autres encore plus outre en mer, entre lesquels y avoyt si grande concurrence d'eaux et y batoyent si fort les ondes, qu'il me sembloyt par trop dificile qu'un homme en nageant y peût resister, qu'il ne fut porté au plaisir des flots, qui hurtoyent si fort contre ces bans, qu'on eut estimé pour folie ou presomption à tout homme qui se voulut vanter et entreprendre de les passer et rompre. Combien que deux Noirs se vinrent ofrir pour se hazarder à cela, au prix des deux marvelgis pour homme, qui valent deux gros ; tellement que pour si vil prix, chacun d'eux ne craignit point de s'exposer à tel hazard, et rendre ma lettre dans ma caravelle, pour laquelle aborder ils se meirent dans la mer, où étant, je ne sauroys vous raconter le grand danger et facherie en quoy ils furent reduis à l'endroit de ces bans d'arene. Car quelque foys, ils demeuroyent long temps sans être aperceus, qui me feit bien souvent penser qu'ils fussent noyés. Et de fait, ne pouvant l'un d'eux resister à cette impetuosité et fureur marine, ne trouva rien plus seur que de se mettre au retour. Mais l'autre constamment suportant le travail, et d'un grand courage et force, rompant et repoussant les ondes, (qui ne fut sans combattre ces flots sur les bans par plus d'une grosse heure) en fin passa, et porta les lettres dans ma caravelle, de laquelle il feit retour avec la reponce, chose qui me sembla par trop etrange et merveilleuse, et qui me fait avoyr ces Noirs en estime des meilleurs et plus parfaits à la nage qui soyent au monde.

De la maison du seigneur de Budomel et de ses femmes.

EN tout ce que je peus veoyr et entendre de ce Seigneur Budomel, je cogneus que ceux qui ont titre de seigneurs ne tiennent villes, ny chateaux, comme il me semble avoyr dit au paravant; et même le Roy de ce païs n'a sinon vilages dont les maisons ne sont d'autre chose que de paille. Ce Budomel-cy étoyt seigneur d'une partie de ce royaume, qui est peu de chose. Car ces seigneurs ne sont appellés seigneurs pour être opulens, ny pour posseder de grands tresors pour ce qu'ils leur defaillent, et n'y court aucune monnoye. Mais quant aux cerimonies et suite de gens, ils se peuvent à bon droit appeller seigneurs, d'autant qu'ils sont acompagnés, honorés, plus prisés et estimés de leurs sujets que ne sont ceux de par deçà. Et à celle fin que je vous face entendre comment est logé ce seigneur Budomel; ce n'est dans maisons muraillées, ny somptueux palais ; mais selon leur façon de faire, il y a quelques vilages deputés et ordonnés pour l'habitation des seigneurs, de leurs femmes et de toute leur famille, pour ce qu'ils ne s'acasent jamais en un même lieu. En ce vilage auquel je sejournay (qui étoyt sa maison) se peuvent trouver environ quarante ou cinquante maisons de paille, touchans l'une l'autre, en un rond qui est environné de palis et clayes de gros arbres, fors une bouche ou deux pour l'entrée ; et chacune de ces maisons a une court fermée de palis semblablement, de sorte qu'on va ainsi d'une à autre et de maison en maison. En ce lieu, Budomel tenoyt neuf femmes, comme il en a par tous les autres lieux, plus ou moins, selon que bon lui semble, et chacune d'icelles tient cinq ou six chambrieres Noires pour son service, avec lesquelles il est permis à ce seigneur de coucher autant privement, comme avec ses femmes mêmes, qui pour cela n'estiment leur être faite injure, à cause que la coutume le permet ainsi. Et par ce moyen, il change souvent pature. Car j'ay observé expressement ces Noirs être adonnés à luxure ; et memement la premiere et principale requete que me feit demander ce seigneur avec grande instance, fut qu'ayant entendu comme nos autres Chretiens avons cognoissance de plusieurs choses, me prioyt fort si, par aventure, je savoys en quelle maniere un homme pourroyt contenter et satisfaire à l'apetit Venereïque de plusieurs femmes, que je luy enseignasse, et qu'il me feroit recompense qui suivroit de près mon merite. Ce sont gens fort enclins à jalousie, tellement qu'ils ne veulent permettre en sorte que ce soyt que l'on frequente aucunement là où sont leurs femmes, si bien qu'ils ne se fieroyent de leurs enfans mêmes.

Le seigneur Budomel tient ordinairement deux cens Noirs en sa maison, qui n'abandonnent jamais sa personne ; mais avec tel ordre, que quand l'un va, l'autre demeure. Et outre ceux-cy, il n'a faute de gens, qui luy font la cour, le venant visiter de divers lieux. A l'entrée de sa maison, avant qu'on parvienne jusques au lieu, là où il demeure et repose, il fault passer sept grandes cours toutes fermées dont au milieu de chacune y a un grand arbre, afin que soyent à couvert et ombre ceux qui demeurent en l'atendant. Outre ce, en icelles sa famille est compartie, selon les degrés et dignités des personnes. Car en la premiere demeure la basse famille, et plus avant ceux, qui sont davantage reverés : si que plus on s'aproche de la residence de ce seigneur et plus va en croissant la dignité de ceux qui y sont parqués ; et ainsi de degré à autre, tant qu'en fin, on parvient à la demeurance et maison d'iceluy seigneur duquel bien peu s'osent hazarder d'aprocher, fors les Chretiens qu'on y laisse passer franchement et les Azanaghes, lesquelles deux seules nations ont plus grande faveur à l'entrée que nulle autre.

Cerimonies desquelles Budomel veult qu'on use lors qu'il donne audience et de la maniere qu'il observe faisant ses prieres.

LA gravité et hautesse de laquelle usoyt ce seigneur icy étoyt grande, pour ce qu'il ne se laissoyt veoir sinon une heure du matin et bien peu devers le soyr; demeurant tout le reste du jour en la premiere cour près la porte de la premiere habitation, là où il n'étoyt permis sinon à personnes de grande reputation et autorité. Il requiert, outre ce, de grandes cerimonies à donner audience. Car lors que quelqu'un va devant sa Majesté, pour luy parler, quelque grand seigneur que ce soyt, voire son parent même, il met dès l'entrée de la cour les deux genouils en terre, enclinant le chef jusques en bas, et avec les deux mains, prend de la poudre qu'il seme sur sa tete et jete derriere soy, étant tout nu, pour ce que la coutume est de le saluër avec telles solennités, sans que personne ose prendre l'hardiesse de s'exposer en sa presence, sans se depouiller premierement, fors leurs haults de chausses faits de cuir qu'ils portent; et demeurent assez en cette sorte, jetans la poussiere par dessus eux, sans que puis il leur soyt permis de se lever, mais tousjours, ainsi à genouils, cheminent jusques à ce qu'ils soyent vérs le seigneur, là où ils s'arretent à deux pas près, parlans et recitans ce pourquoy ils se sont presentés devant son excellence, ne cessans de jeter la poudre par dessus eux, la tete courbée en signe de grande humilité, combien que le seigneur ne daigne les regarder sinon bien peu, avec ce qu'il ne laisse pour cela de tenir propos à d'autres personnes. Et lors que son vassal a mis fin à ses paroles, avec un visage arrogant et brave aspect, il luy fait reponce succinte et en deux paroles, en quoy montrant plus grande gravité, d'autant mieux se rend il craintif et obey, tellement que si Dieu meme decendoyt du Ciel, je ne pense point qu'il fut possible de luy porter si grand honneur et reverence que cetuy est redouté et reveré de ces Noirs, lesquels se rendent ainsi sujets (selon mon jugement) pour la grande crainte qu'ils ont de leurs seigneurs; pour autant qu'iceux irrités par la

7

moindre faute qu'ils sauroyent commettre en leur endroit, ils leur font saisir leurs femmes et enfans pour les exposer en vente [1]. Si qu'ils me semblent en ces troys choses être seigneurs tout outre, tenans grande court et suite de gens, à se montrer peu souvent et se rendre reverés et obeys de leurs sujets. Mais ce seigneur Budomel usoyt d'une si grande familiarité envers moy, qu'il me permettoyt d'entrer dans la mosquée, là où ils font oroison, et laquelle devers le soyr (ayant fait appeler ses Azanaghes ou Arabes qu'il tient ordinairement en sa maison quasi comme pretres, lesquels sont ceux qui l'instruisent en la loy mahomme-

---

[1]. Ibn Batouta donne sur la manière dont se comportent les sujets de Mensa Souleyman, sultan de Mally, des détails semblables à ceux que rapporte Alvise Ca' da Mosto. « Les nègres sont de tous les peuples celui qui montre le plus de soumission pour son roi et qui s'humilie le plus devant lui. Ils ont l'habitude de jurer par son nom en disant : *Mensa Soliman Ki.* Lorsque ce souverain appelle quelque nègre, celui-ci commence par quitter ses vêtements, puis il met sur lui des habits usés ; il ôte son turban et couvre sa tête d'une calotte sale. Il entre alors portant ses habits et ses caleçons levés jusqu'à mi-jambes. Il s'avance avec humilité et soumission : il frappe fortement la terre avec ses deux coudes. Ensuite, il se tient dans la position de l'homme qui fait sa prière ; il écoute ainsi ce que dit le sultan. Quand un nègre après avoir parlé au souverain en reçoit une réponse, il se dépouille des vêtements qu'il avait sur lui, et il jette de la poussière sur sa tête et sur son dos, absolument comme le pratique avec de l'eau celui qui fait ses ablutions. » Ibn Batouta, *Voyages*, tome IV, pages 407-408.

tane) il entroyt dans une cour avec aucuns Noirs des principaux dans la mosquée, là presentant ses oroisons en cette maniere. Il se tenoyt debout et regardant vers le ciel, marchoyt deux pas en avant, proferant quelques paroles tout bas, puis s'etendoyt de son long en terre qu'il baisoyt, en quoy il étoyt imité par les Azanaghes et autres, et de rechef se relevant, commençoit à faire les mêmes cerimonies, jusques à dix ou douze foys, si qu'il demeuroyt en prieres par l'espace d'une demye heure, ausquelles ayant mis fin, il me demandoyt ce qu'il m'en sembloyt. Et pour autant qu'il se delectoyt merveilleusement d'ouyr reciter les choses qui concernoyent notre foy, il me prioyt souventes foys de l'en y vouloir reciter; ce que je faisoys, jusques à m'enhardir et aventurer d'exalter la notre, en deprimant la sienne qui luy étoyt enseignée avec ces belles cerimonies par gens ignorans de la verité, et en presence de ses Arabes, je reprouvoys la loy mahommetane comme pernicieuse et fauce par plusieurs raisons, et montrant la notre être vraye et sainte, tant que je provoquoys et irritoys grandement ces reverens maitres de la loy, dequoy ce seigneur ne s'en faisoyt que rire, et moquer, disant qu'il n'eut sçu estimer que notre loy ne fut bonne, veu qu'il ne pouvoyt être autrement; que Dieu, lequel nous avoyt coloqués entre tant et si grandes richesses et singularités, et qui nous avoyt semblablement doués d'un si grand et admirable esprit, ne nous eut, par même moyen, delaissé une bonne loy. Combien que pour cela il ne tenoyt la sienne pour mauvaise, mais plustôt qu'il estimoyt les Noirs, par bonne raison, devoir mieux être sauvés que nous autres Chretiens, d'autant que Dieu est juste, lequel nous avoyt mis entre tant de delices et biens, et n'avoyt quasi rien laissé aux Noirs à comparaison des grans biens et commodités dont nous avons la jouyssance. Au moyen dequoy, nous ayant donné notre paradis en ce bas être, ils esperent obtenir les beatitudes celestes. Et avec telles et autres semblables raisons, il donnoyt à cognoitre le bon jugement qui l'acompagnoit. Mais tant y a, que les Chretiens luy étoyent fort agreables ; m'asseurant qu'il se fut facilement reduit à notre foy si la peur de perdre son domaine ne l'en eut detourné. Car son neveu (en la maison duquel j'étoys logé) me le dit par plusieurs foys : et luy même se delectoyt merveilleusement d'ouyr toucher quelque poins de notre religion, disant que c'étoyt une chose sainte et religieuse d'ouyr la parole du Seigneur.

De la façon de vivre et manger de Budomel.

E seigneur icy tient un même ordre de manger, que fait le roy de Senega (comme j'ay dit cy dessus) que ses femmes luy envoyent un certain nombre de services par jour, coutume qui est, par tous les seigneurs des Noirs et hommes de reputation, observée; et mangent brutalement, couchés sur terre, sans observer le moindre point de civilité, avec ce que personne ne mange avec les seigneurs, fors les Mores qui leur enseignent la loy, et un ou deux Noirs des plus aparans. Le populaire mange étant dix et douze de compagnie, ayant au milieu d'eux une chaudiere pleine de viande dans laquelle ils mettent tous la main, et mangent peu par foys, mais ils y retournent et recommencent souvent, jusques à cinq ou six foys le jour.

De ce que produit le royaume de Senega ; comme l'on procede à cultiver la terre, et par quel moyen s'y fait le vin.

EN ce royaume de Senega, ny par delà en aucune terre, ne croît froment, seigle, orge, avoine, ny vin, pour autant que le païs y est chault en toute extremité; avec ce, qu'il n'y tombe goute de pluye par neuf moys de l'an, qui est depuis Octobre jusques à la fin de Juin. Ce qui empesche la terre de produire fromens, comme ces peuples l'ont experimenté en y semant de celuy qu'ils avoyent acheté de nous autres chretiens. Car le froment demandé une terre temperée, qui soyt aussi souvent arrousée de pluye, ce qui ne se peut faire en ce païs là. Mais en default de ce, ils ont des millets de diverses sortes, gros et menus, avec feves et autres legumages, les plus gros et plus beaux du monde. La feve y est grosse, comme une avelane privée, tout martelée de diverses couleurs, tant qu'on la jugeroyt être peinte, qui la rend fort plaisante à veoyr. La feve est large et vivement rouge. Il y en a aussi de blanches et fort belles.

On y seme au moys de Juin pour y recueillir en Septembre, pour ce qu'en ce temps, les pluyes sont grandes, au moyen dequoy les fleuves viennent à deborder. Les terres se labourent, sement et sont depouillées de leurs fruits dans le terme de troys moys. Mais il y a de mauvais laboureurs et gens, qui ne se veulent travailler à jeter les semences, sinon ce qu'ils pensent être sufisant pour leur vivre de toute l'année, et encore bien etroitement, n'étant pas fort curieux d'avoyr des blés pour vendre.

Leur maniere de labourer est que quatre ou cinq d'entre eux se rangent dans le champ avec certaines palettes, jetans la terre en avant, au contraire des notres qui la tirent à eux, avec la marre; et n'entrent plus profond que de quatre doys dans la terre, laquelle pour être forte et grasse, fait germer et produire tout ce qu'on y seme. Ils usent d'eau à boire, de lait ou de vin de palme, qui est une liqueur distilant d'un arbre semblable à celuy qui porte la date, non pas le même, et en ont grande quantité, desquels on tire cette liqueur (que ces Noirs appellent Miguol) en cette sorte. Ils ouvrent l'arbre au pied en deux ou troys lieux, par lesquels il jette une eau grise, comme l'egout de lait, mettans au dessous des bouteilles dans lesquelles ils le reçoivent, mais en petite quantité, qui est par tout le jour, environ deux bouteilles ; étant fort savoureux à boire, il enyvre, comme le vin de vigne qui ne le tempere avec de l'eau. Le premier jour qu'on le recueille, il a autant de douceur, que vin qui soyt au monde, laquelle il va perdant de jour à autre, tellement qu'il devient puissant, étant meilleur à boire au tiers jour et le quart, qu'il n'est au premier. J'en ay beu par plusieurs jours, tandis que je sejournay sur terre et me sembloyt de meilleur gout et plus friand que les notres. Il n'y en a pas tant que chacun en puisse avoyr en abondance, mais raisonnablement, et principalement les plus aparens, combien que les arbres soyent communs, car ils ne les tiennent pas ainsi en clos comme nous faisons les fruitiers de nos jardins ou ainsi que les vignes. Mais ils sont tous à l'usage de chacun, avec la liberté d'en prendre et s'en aider. Le terroir leur produit des fruits de diverses sortes et de semblable espece à aucuns des nôtres et de diferens aussi, qui sont bons, et en mangent, étant à l'abandon, mais sauvages, d'autant qu'ils ne sont pas cultivés comme les notres. Que si cela y étoyt et qu'on y tint la main comme nous faisons de par deçà, je ne doute point qu'ils ne les rendissent à une grande perfection et bonté, pour ce que la qualité de l'air et du terroir y est bonne et n'y contredit aucunement.

Tout le païs est en campagne fort propice à produire, là où il y a bon patis, avec une infinité de beaux arbres et haults, mais à nous incogneuz. Il y a semblablement des lacs d'eau douce de petite etendue, mais tresprofonds, dans lesquels se peschent bons poissons en grande quantité, d'autre espece que les nôtres ; et s'y trouvent plusieurs serpens aquatiques, qui se nomment Calcatrici. Outre ce, il y a une sorte d'huile, de laquelle ils asaisonnent leurs viandes; toutefoys je n'ay peu savoyr dequoy elle se fait, mais il y a troys singularités, odeur de violettes, saveur aprochant du nôtre d'olive, et couleur, qui tient comme safran, combien que plus naïve et parfaite. On y trouve aussi une espece d'arbres, qui produisent petites feves rouges, avec œil noir, en grande quantité.

Des animaux qui se trouvent en ce royaume.

En ce païs se trouvent plusieurs animaux de diverse sorte et mêmement de grans et petits serpens, dont les uns sont venimeux, les autres non ; entre lesquels il y en a de longs de deux pas, et plus, qui n'ont ailes, ny pieds, mais ils sont gros, si bien qu'on dit y en avoyr veu qui ont transglouti une chevre entiere, sans la demembrer. Et est la commune opinion, qu'elles se reduisent en aucunes parties du païs par bandes, où il y a un grand nombre de fourmis blanches, lesquelles de leur nature font des maisons à ces serpens avec la terre, qu'elles portent en leur bouche, et drecent ces batiments comme villes à cent et cent cinquante pour place, de sorte qu'étans reduits à leur perfection, ils resemblent aux fours dans lesquels on fait cuire le pain par deçà.

Ces Noirs sont tresgrans charmeurs de toutes choses,

et mêmement de ces serpens. Et me souvient d'avoyr ouy raconter à un Genevoys homme digne de foy, lequel s'étant retrouvé un an avant moy en ces païs de Budomel, et dormant une nuict en la maison de Bisboror son neveu (là où j'étoys logé) entendit environ la minuict autour de la maison plusieurs siflemens, qui luy rompirent son sommeil. Au moyen dequoy, il entendit Bisboror qui se levant, appelloyt deux Noirs, voulant monter sur un chameau pour departir, dont le Genevoys luy demandant où il vouloyt s'acheminer à telle heure, luy repondit qu'à un sien afaire, et qu'il seroyt incontinent de retour. Ce qu'il feit aprés avoyr sejourné quelque espace de temps. Et étant arrivé, le Genevoys s'enquit de rechef en quelle part il avoyt été. « N'avés vous pas entendu (dit-il) bonne piece y-a, aucuns siflemens autour de la maison? C'étoyent serpens, qui eussent tué beaucoup de mon betail si je ne me fusse levé pour faire un certain charme, duquel nous usons de par deçà, par lequel je les ay contrains de retourner en arriere. » Ce qui causa une grande admiration au Genevoys, auquel Bisboror dit, que ce n'étoyt chose delaquelle on se deût tant etonner, pour ce que son oncle Budomel savoyt d'autres choses plus admirables, lequel voulant faire du venin pour envenimer ses armes, aprés avoyr fait un cercle, dans lequel, par charme, il contraignoyt tous les serpens du contour d'y venir, et d'iceux prenoyt celuy qui luy sembloyt plus infecté et remply de venin, qu'il tuoyt de ses propres mains, laissant aler les autres ; puis tiroyt du sang de celuy qu'il avoyt retenu, lequel il tremperoyt avec une certaine semence d'arbre (que j'ay veuë et tenuë) puis, après en avoir fait une mistion, envenimoyt ses armes, lesquelles faisans la moindre ouverture qu'on pourroyt dire, pour si peu de sang qui en sortoyt, en moins d'un quart d'heure la personne blecée venoyt à expirer. Et me dit ce Genevoys, que Bisboror l'en y voulut montrer la prouve du charme, mais qu'il ne luy print envie d'en plus savoyr. Ce qui me fait avoyr ces Noirs en reputation des plus grands charmeurs et enchanteurs qu'on puisse trouver, et peut bien être vray de ce charme des serpens. Car en nos païs même (comme je me suis laissé dire) s'en trouvent qui savent faire le semblable.

*Des animaux qui se trouvent au royaume de Senega,
des elephans et autres choses notables.*

Il n'y a autres animaux domestiques en ce royaume de Senega, sinon bœufs, vaches, et chevres : mais on n'y sauroyt trouver une brebis, à cause que cet animal n'y pourroit vivre pour l'extreme chaleur qui luy est contraire, d'autant qu'il ne peut vivre sinon en une terre d'un air tempéré ; et suportera encore plustôt la froidure que non pas la chaleur. Et pourtant, le souverain Createur de toutes choses a acommodé çà bas chacun selon ce qu'il voyoyt lui être necessaire ; pour autant que nous autres qui sommes en regions froides, nous ne pourrions suporter cette apreté et vehemence sans les laines, et eux qui habitent ès païs chaleureux, là où ils n'ont besoin de lainage, le Seigneur par sa divine providence leur a donné le cotton.

Les bœufs et vaches de ce païs, et même de toutes les terres des Noirs sont de plus petite corpulence que les nôtres, ce que je pense encore proceder de la chaleur. Et à grande dificulté y pourroyt on trouver une vache de poil roux, mais trop bien de noires, blanches ou bien tachetées de l'une et l'autre couleur. Ils s'y trouve des lyons, lyonnesses et leopars en grande quantité, avec des loups, chevrels et lievres.

Il y a semblablement des elephans sauvages, pour ce que on n'a coutume de les aprivoiser, comme aux autres parties de la terre. Ils vont par bandes ainsi que font deçà les porcs parmy les boys. Quant à la description de leur stature, je m'en deporte, à cause qu'un chacun sait (comme je pense) que ce sont animaux de grande corpulance et bas enjambés. Joint aussi que les dens, lesquelles en sont aportées en nos parties, peuvent temoigner de quelle corpulence ils peuvent être, et n'en ont qu'une de chacun côté, comme les mires d'un sanglier; mais elles procedent de la machouëre de dessous, sans autre diference, sinon que la pointe de celles du sanglier regarde en hault, et celle de ces animaux se tourne contre bas, vous avisant qu'ils ont une jointure au genouil, lequel ils plient en cheminant comme tout autre animal. Je dy cecy, pour autant que j'avoys ouy dire (avant que d'avoir fait voile en ces parties) que cet animal ne se pouvoyt agenouiller et qu'il dormoyt debout. Ce que j'ay trouvé tout au contraire, pour ce qu'il se couche en terre, et se releve comme tout autre animal, ayant les dens longues, qui ne s'ecrolent ny ne tombent jamais, sinon par la mort. Il n'ofensera, en sorte que ce soyt, l'homme, que premierement il ne soyt irrité. Mais se voulant ruer dessus, il luy donne de sa trompe (qu'il a en forme de nez treslongue, qu'il retire et alonge comme il luy plaît) si lourde decharge, qu'il le jete quelque foys plus loin qu'une arbalete ne sauroyt porter. Il ne se trouve personne si prompte à la course, que l'elephant n'ataigne en plaine campagne, sans aler autrement que le pas, pour ce qu'il arpente merveilleusement, à cause de sa grandeur. C'est un animal fort dangereux, mêmement quand il a phaonné plus qu'en autre temps ; et ne fait plus hault de troys ou quatre petits par foys. Il mange des feuilles d'arbres, fruits et rameaux qu'il rompt d'embas de sa trompe, avec laquelle il porte ce qu'il veult manger dans sa bouche, à cause qu'elle est en canal fort large. C'est tout ce dequoy j'ay peu être informé quant aux animaux desquels je n'ay eu aucune cognoissance, sinon des susnommés.

Des oyseaux de ce païs, de la diversité des papegays ; et de l'industrie grande delaquelle ils usent à faire leurs nids.

IL se trouve en ces parties plusieurs oyseaux de diverses sortes, et mêmement des papegays en grande quantité, lesquels vont errans par tout le païs, au moyen dequoy les Noirs ne s'en contentent pas fort, à cause qu'ils gatent leurs millets et legumages aux champs ; et en y a (comme ils disent) de plusieurs especes. Mais je n'en y veys sinon de deux sortes dont les uns étoyent comme les papegays qu'on aporte d'Alexandrie, combien que plus petits, les autres, plus grans, ayans le col, la tete, le bec, les serres, grifes et le corps jaune et verd. J'en eus une grande quantité de ces deux especes, et specialement des petits venant du nid, d'entre lesquels plusieurs se laisserent mourir, et je portay le reste en Espagne. Mais la caravelle qui étoyt venue avec moy, en emporta de cent cinquante en sus, qui se donnerent pour demy ducat la piece. Ils ont une grande ruse et industrie à façonner leurs nids, lesquels ils font tout ronds comme une bale enflée de vent, en cette maniere : ils vont sur des palmiers ou autres arbres qui ont les branches foibles et menues tant qu'il est possible, et à l'extremité du rameau, ils lient un jonc qu'ils laissent pendre en bas la longueur de deux palmes, au bout duquel ils fabriquent leur nid d'une merveilleuse sorte, si qu'étant parfait et achevé, il semble une bale qui soyt acrochée et suspendue à ce jonc, en laquelle y a un trou seulement qui sert d'entrée. Et y procedent en cette maniere, pour crainte qu'ils ont que leurs petits ne viennent à être dévorés par les serpens, lesquels ne peuvent aler sur le rameau, qui est trop foible pour si pesante charge, tellement que, par ce moyen, ils sont asseurés dedans leurs nids. Il y a semblablement grande quantité d'aucuns grans oyseaux en ce païs, que nous appellons poules de Pharao, lesquelles on aporte du Levant, et encore de certaines oyes qui sont semblables aux nôtres, mais de divers panage, avec plusieurs autres oyseaux grans et petits et diferens aux nôtres.

Du marché que font les Noirs et des marchandises qui ont cours en iceluy.

POUR autant qu'il m'étoyt necessaire de demeurer plusieurs jours en terre, je me deliberay d'aler à un marché et foyre qui se faisoyt prés du lieu où j'étoys logé, en une prerie en laquelle il se tenoyt le lundy et le vendredy, ausquels jours je m'y acheminay par deux ou troys foys. Là s'assembloyent hommes et femmes de tout le contour de cinq et six milles loin. Car ceux qui en étoyent plus eloignés, se transportoyent à d'autres qu'on a aussi coutume de tenir autre part. Et en iceux peut on bien comprendre la grande pauvreté en laquelle ces gens sont detenus par les choses qu'ils y portent vendre qui sont, cotton (mais en petite quantité), filets et draps de cotton, legumages, huiles, millets, conques de boys, nates de palme, et de toutes autres besongnes, qui leur sont particulieres; desquelles se chargent autant bien les femmes que les hommes, qui avec ce vendent de leurs armes, ensemble quelque petite quantité d'or, laissans le tout pour autre chose en echange, et non pour deniers pour ce qu'ils n'en usent point, ny d'aucune espece de monnoye de quelque sorte que ce soyt. Mais ils troquent une chose pour autre, ou deux pour une, ou troys pour deux. Ces Noirs, tant hommes que femmes, acouroyent tous pour me veoyr, comme une grande merveille, leur semblant grand' chose d'avoir la veuë d'un chretien, dont ils n'avoyent onqu'ouy parler ; et ne s'etonnoyent moins de ma blancheur que de mes habits, qui leur causoyent une grande admiration, à cause qu'ils étoyent à l'Espagnole, comme une jupe de damas noir, avec un petit manteau par dessus, qui étoyt de laine ; lequel regardant et la jupe, ne se pouvoyent assez emerveiller, car ils n'ont point de laines en ces parties là. Si que les uns me manioyent les mains et les bras, qu'ils frotoyent, ayant mis de leur salive par dessus, pour veoyr si ma blancheur procedoyt de fard ou teinture, ou bien si c'étoyt chair. Ce qu'ayant cogneu, ils demeuroyent tous etonnés.

Je m'étoys transporté en ce marché pour avoyr la veuë de quelque nouveauté, et encore, si je pourroys rencontrer quelqu'un qui aportat vendre quelque somme d'or, mais je le trouvay mal fourny de toutes choses, comme j'ay dit par cy devant.

Par quel moyen sont gouvernés les chevaux; comme ils se vendent, et de certains charmes et enchantements qu'on use lors qu'on les achete.

Es chevaux sont fort de requete en ce païs des Noirs, pour ce qu'à grande dificulté, les Arabes et Azanaghes les menent par la terre des Barbares, joint aussi qu'ils ne peuvent vivre, à cause de la vehemente chaleur; avec ce qu'ils s'engressent si fort, que la plus grande partie d'iceux meurent d'une maladie qui leur retient l'urine, et crevent. Ils les font repaitre de feuilles de ces arbres qui portent les feves, lesquelles sont demeurées dans le champ, après qu'on les a recueillies, puis les hachent menu, et font secher comme foin; et en cette sorte, les donnent à manger aux chevaux en faute d'avoyne et du millet semblablement, avec lequel ils les engressent fort. Ils vendent le cheval harnaché, de neuf à quatorze tetes d'esclaves Noirs, selon qu'il se trouve bon et de belle taille. Mais avenant que quelque seigneur en veuille acheter, il fera venir aucuns, qu'on appelle enchanteurs de chevaux, lesquels font un grand feu de certains rameaux d'herbes à leur mode, rendant grande fumée, et sur iceluy tiennent le cheval par la bride, proferant quelques paroles; puis le font oindre d'un unguent fort delicat, le tenant enclos par l'espace de dix huit ou vingt jours, tant que personne n'en peut avoyr la veuë; et luy attachent au col des brevets pliés en quadrature et couverts de cuir rouge, croyant fermement que par telles reveries, ils sont plus asseurés en bataille.

De la coutume des femmes de ce païs; de ce qui cause grande admiration aux hommes, et de quels instrumens ils savent sonner.

LES femmes de ce païs sont fort familieres et joyeuses, lesquelles chantent et dancent volontiers et mêmement les jeunes. Mais elles ne balent sinon la nuyct, à la clairté de la lune, étant leur maniere de baler fort diferente à la nôtre.

Il y a plusieurs choses qui aportent grande admiration aux hommes, et entre autres, le trait de l'arbalete les rend tous etonnés, et encore plus, l'epouventable son de l'artillerie, comme je m'en aperceus par d'aucuns Noirs, qui vinrent en notre navire, dans laquelle je feys donner le feu à une piece, dont ils receurent une merveilleuse frayeur, qui les rendit voire plus ebaïs, quand je leur dys que, d'un coup, elle pouvoyt mettre par terre et tuer plus de cent hommes; dequoy s'emerveillans au possible, ils ne se pouvoyent autrement persuader, que ce ne fut une chose diabolique. Le son de la cornemuse de laquelle je feys jouer à l'un de nos mariniers, leur causoyt semblablement une grande admiration, et la voyant couverte à la devise, avec quelques houpes et franges sur le sommet, ils pensoyent, pour le seur, que ce fut quelque animal vivant qui rendoyt une telle diversité de voix. Ce qui leur causoit plaisir et admiration par un même moyen. Mais cognoissant leur simple jugement, je leur donnay à entendre que c'étoyt un instrument, ce que je leur persuaday, après leur avoyr mis entre les mains icelle cornemuse desenflée, au moyen dequoy, ils vinrent à cognoitre que c'étoyt une chose artificielle et faite à la main, disans icelle être une chose celeste, que Dieu avoyt façonnée de ses propres mains, d'autant qu'elle rendoyt si douce harmonie et par telle diversité de tons, afermant que, de leur vie, ils n'avoyent eu la cognoissance de chose tant harmonieuse.

Davantage, ils s'ebayssoyent fort de l'artifice ingenieux de nos navires et de tous les aparas d'iceluy, comme des arbres, voiles, antennes et cordages; et pensoyent que les yeux qui se font en proue de la navire, fussent yeux naturels, par lesquels la navire voyoyt pour se conduire sur la mer, estimant que nous fussions enchanteurs, et quasi comparables aux diables, en tant que ceux, qui aloyent sur terre, à grande dificulté se pouvoyent transporter de lieu à autre, et que nous autres étions bien si hazardeux que de nous exposer au peril des ondes impetueuses de la mer, qu'ils avoyent ouy dire être si merveilleuse et grande chose, et partant aussi veu que nous pouvions si long temps demeurer sans veoyr terre, et sachans quelle route nous devions prendre, cela ne se pouvoyt faire, sans avoyr quelque intelligence avec les diables.

Or, ce qui leur causoit cette opinion tant obstinée, étoyt qu'ils n'avoyent nulle cognoissance de l'art de naviger, de la carte, ny de la calamite. Ils s'etonnoyent aussi grandement de voyr bruler une chandelle de nuict sur un chandelier, pour autant qu'en ce païs ils n'ont l'industrie d'avoir autre clairté que celle du feu de charbon, ce qui leur faisoyt trouver la chandelle une chose entre les plus belles et merveilleuses dont ils eussent jamais eu la cognoissance, à cause que c'étoyt les premieres qu'ils eussent veues en leur vie. Et pour autant que ce païs est fort abondant en miel, avec lequel on trouve la cyre tout ensemble, ils le sucent et jetent là cette cyre. Mais ayant acheté un bournal[1] de l'un d'entre

---

1. C'est un rayon de miel ou couteau de cyre, ayant grand nombre de trous, dedans lesquels les mouches font le miel. (*Note du traducteur.*)

eux, je leur montray en quelle maniere il failloyt trier la cyre d'avec le miel ; puis je leur demanday s'ils savoyent que c'étoyt ce qui s'otoyt d'avec le miel, lesquels me repondirent que c'étoyt une chose de nulle valeur. Mais je leur feys faire en leur presence des chandelles, que je feys alumer ; ce que voyant, ils furent surprins d'une grande admiration, disant que le plus du savoyr consistoit en nous autres chretiens. En ce païs, on ne use sinon de deux sortes d'instrumens à son : les uns appelés tabacches moresques, que nous disons tambours : les autres sont en maniere de violes d'archet, mais avec deux cordes seulement, qu'ils touchent avec les doys, ce que je trouve fort lourd et de peu d'esprit.

De deux caravelles que je rencontray, dans l'une desquelles étoyt messer Antoniottin gentilhomme Genevoys, avec lequel je me meys à la route de Cap verd.

Vous avés peu entendre aux chapitres precedens, pour quelle occasion je fus contraint de sejourner au pays du seigneur de Budomel, qui fut en partie pour veoyr, acheter, trafiquer, et avoyr la cognoissance de plusieurs choses, desquelles étant acertené, et après avoyr eu ma depesche avec certaine quantité de tetes de Noirs, je deliberay d'aller plus outre, et en passant le Cap verd, de decouvrir nouvelles regions et chercher ma fortune, pour autant que avant mon depart de Portugal, j'avoys ouy dire au Seigneur Infant (comme celuy qui étoyt averty des pays des Noirs) entre autres choses, qu'un peu par delà ce premier royaume de Senega, se trouvoyt un autre royaume appellé Gambie, auquel (par le raport des Noirs qui étoyent amenés en Espagne) se trouvoyt une grande somme d'or au moyen dequoy, les chretiens qui s'y voudroyent transporter, ne pouvoyent faillir de se faire riches. Ce qui m'incita grandement, avec le desir que j'avoys de veoyr plusieurs païs, de poursuivre mes erres. Donc, je m'embarquay dans ma caravelle, après avoyr prins congé du seigneur Budomel, et singlant en mer pour laisser cette cote, je veys surgir un matin deux voiles à veuë de nous, lesquelles nous ayant decouvers, étans assés asseurés de notre coté que ce ne pouvoyent être autres que chretiens, vinmes à parlementer : dont ayant entendu qu'en l'un des deux vaisseaux étoyt Antoniottin Usedemer gentilhomme Genevoys [1], et dans l'autre aucuns ecuyers

---

1. Antonietto Usodimare, né à Gênes en 1416, était le fils d'Anfione et de Pietrina Spinola.

Nous ne possédons aucun renseignement sur l'époque de sa jeunesse, nous savons seulement qu'il épousa Bianchina Gentile lorsqu'il avait atteint l'âge de trente-trois ans et qu'en 1449, il faisait partie des *Anziani* de la seigneurie de Gênes.

Le mauvais état de ses affaires le força à abandonner sa patrie et à se réfugier à Séville où il comptait les rétablir. Mais les poursuites de ses créanciers l'obligèrent à émigrer à Lisbonne où il offrit à Dom Henri ses services pour, avec un navire lui appartenant, aller à la recherche de terres inconnues.

Nous ne possédons d'Usodimare qu'un seul document. C'est une lettre adressée à ses créanciers par laquelle il les engage à user de patience à son égard. Cette lettre, écrite en 1455, confirme les détails

d'iceluy Seigneur Infant, lesquels d'acord s'étoyent acompagnés pour passer le Cap verd, et le ranger souz fortune pour decouvrir choses incogneuës ; me retrouvant semblablement de même vouloyr, je me meys en leur flote, et tous d'acord, primmes la route d'iceluy cap, tousjours suivant la cote à la volte d'Austre, et à veuë de terre. Au moyen dequoy, le jour ensuivant, avec le vent à souhait, vinmes à decouvrir le Cap verd, lequel est distant du lieu d'où je feys depart, par l'espace de trente milles Italiennes.

donnés par Ca' da Moste et rappelle la tentative faite en 1291 par les frères Vivaldi pour se rendre dans l'Inde en doublant la pointe de l'Afrique. La date de la mort de Antonietto Usodimare est inconnue. Elle eut lieu avant le 10 septembre 1462.

Cf. la *Biografia dei viaggiatori italiani*, par P. Amat di San Filippo, Roma, 1882, pages 150 et 151.

Pour quelle ocasion ce cap est appellé Cap verd; de troys îles decouvertes, et de la cote d'iceluy cap.

LE Cap verd est ainsi appellé, pour autant que ceux, qui vinrent à le decouvrir premierement (qui furent les Portugaloys environ un an avant que je me trouvasse en ces parties) le trouverent tout verdoyant de grans arbres qui demeurent en verdeur tout le long de l'année, qui fut la cause pour laquelle il fut appelé Cap verd; comme Cap blanc (duquel nous avons parlé auparavant) pour avoyr eté trouvé blanc et areneux.

Ce Cap verd est fort beau et hault, ayant à la cime deux petites montagnes, et se jete bien avant dans la mer, avec ce que sur le dos et au contour d'iceluy y a plusieurs bourgades de païsans Noirs et maisons de paille tout au plus près de la marine, à veuë de ceux qui les cotoyent: et dependent encore iceux Noirs de ce royaume de

Senega susnommé. Au dessus du cap, y a aucunes greves d'arene qui fendent la mer environ un demy mille; et par delà iceluy, vinmes à decouvrir trois îles inhabitées, bien peu distantes de terre et couvertes d'arbres grans et verdoyans. Or, abordames en l'une d'icelles, nous mettant à l'ancre à cause qu'elle nous sembloyt de plus grande etendue et plus frutifere que les autres; joint aussi que nous y pensions trouver quelques fontaines; et ayans prins terre, nous ne peumes trouver sinon un lieu, auquel il sembloyt surgir quelque peu d'eau, de laquelle nous ne peumes aider. Mais nous y trouvames une grande quantité de nids et œufs de divers oyseaux à nous incognus. Nous y sejournames tout le jour à pescher dentes, orades vieilles, et tresgrandes, du poys de douze à quinze livres l'une, qui fut au moys de Juin.

Le jour ensuivant, nous feimes voile, et reprenant nos erres, navigeames tousjours à veuë de terre, notant qu'outre ce cap, se jete un goulfe dans iceluy, étant la cote basse, trespeuplée de fort beaux et grans arbres verdoyans, qui ne perdent jamais une feuille le long de l'année, à cause qu'elles ne seichent, comme elles font de par de çà; mais viennent iceux arbres à les jeter l'une après l'autre, et s'en vont jusques sur la plage à la portée d'une arbalete, de sorte qu'ils semblent boire dans la mer, qui est un tresbel object à regarder, et selon mon avis (qui ay freté en plusieurs lieux du Ponant et du Levant) je ne veys de ma vie la plus belle cote que cette-cy me sembla être, laquelle est toute arousée de plusieurs fleuves et petites rivieres de peu de conte, à cause que les navires n'y sauroyent emboucher.

Des Barbacins et Sereres noirs; de leur gouvernement, coutumes, de la qualité et guerres du païs.

Au delà de ce petit goulfe toute la cote est habitée de deux generations, l'une nommée Barbacins [1] et l'autre Sereres [2], toutes deux noires; mais hors de la puissance et domaine du roy

---

1. Le nom de Barbacin est peut-être la corruption des mots *Bourba Sine*, qui signifient roi de Sine. Le Sine est une des provinces de l'ancien empire Ouolof qui se composait des pays de Djolof, de Ouali, de Cayor, de Baol, de Sine, de Serère et de Saloum. Le chef des Djolof porte le nom de *Bar ou Djolof* ou *Bar-ba Djolof*, celui du Ouali *Brak ou Oualo*, celui du Cayor *Damel ou Cayor*, celui du Sine *Bour ou Sine* ou *Bour-ba Sine*.

« Au septentrion du royaume de Zenega, le long de la côte est la demeure des Barbecins qui occupent les royaumes d'Ale et de Brocaelo. La capitale du pays où le roi tient sa cour est Yagsa dont les habitants nourrissent beaucoup de chevaux, et les forêts qui sont proches de cette place sont pleines d'éléphants, mais qui ont les dents plus petites qu'en d'autres endroits de l'Afrique. » O. Dapper, *Description de l'Afrique*, page 241.

2. Les Sérères sont une peuplade Ouolof dont quelques membres

de Senega et de tout autre seigneur. Il est bien vray, qu'ils en honorent quelqu'un plus que l'autre, selon la qualité et condition des personnes. Et je pense que la cause laquelle les fait vivre hors la puissance d'aucun seigneur, est de peur que leurs femmes et enfans ne leur soyent enlevés, puis vendus pour esclaves et reduits en servitude, ce qu'ont acoutumé de faire tous les roys et grans seigneurs des lieux des autres Noirs. Ceux-cy sont grans idolatres, sans aucune loy et fort cruels, usant de l'arc plus que nulle autre nation, avec les fleches envenimées, si bien que la personne ne peut eviter un acces de soudaine mort pour le moindre sang qui sort de la playe qu'elle en reçoyt. Le païs d'iceux (qui sont gens noirs et de belle corpulence) est tout en boys, lacs et marecages qui les tient en grande sureté et inexpugnables à cause qu'on n'y sauroyt avoyr entrée sinon par quelques detrois ; au

---

ont adopté l'islanisme pendant que la plupart d'entre eux n'ont point renoncé à l'idolâtrie. « Ils habitent les parties les plus méridionales du Cayor, les pays de Baol, de Sine, de Saloum ; en un mot, la partie comprise entre le Cap Verd et la Gambie..... D'après une très intéressante notice du colonel Laprade, insérée dans l'Annuaire du Sénégal, année 1865 et dans les Annales maritimes et coloniales, nous savons que les Sérères occupaient, il y a environ quatre siècles, le pays de Kobou dans la Haute-Casamance. » Béranger-Féraud, *Les peuplades de la Sénégambie*. Paris, 1877, page 273.

moyen dequoy, ils ne craignent quelque seigneur que ce soyt de leurs voisins. Et est avenu souventefoys, qu'aucuns roys de Senega leur voulurent jadis faire guerre pour les subjuguer, mais ils ont été tousjours vaillamment repoussés, tant par les fleches envenimées, desquelles ils usent, comme par la dificulté de leur païs.

Du ruisseau des Barbacins et d'un truchement, lequel fut mis en terre pour s'informer du païs.

NAVIGEANT donq selon cette cote à plein vent, et tirant à la volte de Austre, vinmes à decouvrir la bouche d'un fleuve qui pouvoyt être de la largeur d'un trait d'arc, mais de petit fond, lequel nous appellames le ruisseau des Barbacins, et est ainsi noté sur la carte de naviger de ce païs, étant iceluy fleuve distant du Cap, par l'espace de soissante milles. Nous navigeames selon cette cote, et auparavant tousjours de jour, demeurant à l'ancre à soleil couchant, à dix ou douze pas d'eau, distans de terre par l'espace de quatre ou cinq milles; et à soleil levant, faisions voile tenant à toutes heures un homme en la gabie, et deux en proue de la caravelle, pour veoyr si la marine batoyt en aucun lieu pour decouvrir quelques ecueils; et flotant, parvinmes à la bouche d'eau d'un autre grand fleuve, qui à y veoyr, ne sembloyt être moindre que celuy de Senega ; et pour ce que nous le trouvions fort beau, le païs plaisant et bien peuplé d'arbres sur la marine, nous jetames l'ancre, faisans conte d'envoyer en terre l'un de nos truchemens ; car, en chacun de nos vaisseaux, il y avoyt un Noir, que nous avions amené de Portugal, lesquels furent vendus par ces seigneurs de Senega aux Portugaloys qui aborderent premierement en ces marches, pour venir decouvrir ces païs des Noirs. Ces esclaves s'étoyent faits chretiens, et entendoyent fort bien la langue Espagnole ; au moyen dequoy, nous les avions prins souz telle condition que nous devions rendre à leurs maitres pour les gages de chacun d'iceux, un esclave qu'ils choisiroyent à leur vouloyr ; et donnant pour ces truchemens quatre esclaves à leurs maitres, s'afranchiroyent de leur servitude. Or, après que nous eumes jeté le sort pour savoyr qui mettroyt son truchement en terre, il tomba sur le gentilhomme Genevoys, lequel après avoyr armé son esquif, feit mettre en terre son truchement, ayant expressement ordonné que le vaisseau se tint tousjours eloigné de terre, sinon alors qu'on mettroyt à bord le truchement, auquel fut enchargé de s'informer de la qualité du païs, et souz le gouvernement de quel seigneur il étoyt ; avec ce, qu'il trouvat moyen de savoyr s'il seroit possible de trouver de l'or ou quelque autre chose qui nous fut duisible. Pour quoy diligemment executer, après s'être mis en terre, et que l'esquif se fut un peu jeté au large, plusieurs Noirs du païs le vinrent incontinent aborder, lesquels ayant veu les navires cotoyer en s'aprochant, s'étoyent embuchés avec des arcs, fleches et autres armes pour surprendre d'aguet quelques uns des nôtres qui voudroyent prendre terre. Or après qu'ils furent parvenus à luy, ils commencerent à luy tenir quelques propos, desquels nous ne peumes avoyr l'intelligence. Mais tant y a, qu'ils commencerent à charger dessus si lourdement, avec gonnies (qui sont courtes epées turquesques) qu'ils le laisserent mort et etendu à la place. Ce qui ne nous aporta pas peu d'etonnement; et par cet acte inhumain, les jugeames être gens pleins de grande cruauté, s'étant montrés tels envers un de leur generation même, étant bien asseurés, qu'ils ne se montreroyent moins inhumains et n'useroyent de meilleur traitement en notre endroit, qu'ils avoyent fait envers notre truchement. Si que nous feimes voile, reprenant nos erres du coté d'Austre, navigeans tousjours à veuë de la cote, laquelle plus nous alions en avant, plus nous sembloyt belle et mieux peuplée d'arbres verdoyans, et par tout, decouvrions le païs plat et bas. Finablement, nous parvinmes à la bouche d'un fleuve, laquelle trouvames fort ample, et non moins que de quatre milles au plus etroit, là où nous pouvions entrer seurement avec nos navires ; tellement qu'il fut arreté entre nous, d'y sejourner ce soir, pour entendre si ce païs étoyt celuy de Gambre.

*De troys almadiés qui furent de notre route, dont ceux
qui étoyent dedans ne voulurent tenir propos avec nous,
et de la façon d'icelles.*

Lors que nous fumes arrivés à ce fleuve, il nous
sembla de prime face être de la largeur de
six à huit milles, ce qui nous faisoyt estimer
d'être arrivés au pais de Gambre, que nous avions tant
souhaité et cherché, avec si grande curiosité, ne pouvant
être (comme nous presumions) que ne vinssions à
decouvrir quelque bonne terre sur iceluy, là où facilement
nous pourrions tomber en aucune bonne rencontre
ou aventure, pour trouver quelque somme d'or,
ou autre chose exquise et precieuse. Donc, eguillonnés
par cette esperance, le jour ensuivant, avec un temps
calme, nous envoyames notre petite caravelle en avant,
bien equipée d'hommes et armes, auxquels nous en-

chargeames (à cause que pour être le vaisseau petit) de naviger le plus avant qu'ils pourroyent ; y trouvans des bans sur la bouche du fleuve, qu'ils sondassent le fond, pour savoyr s'il y auroyt assés d'eau pour y faire floter nos vaisseaux, pour puis après se retirant arriere, nous faire quelque signe. Ce qui fut acomply comme nous leur avions enchargé. Car ayant trouvé quatre pas d'eau, vinrent surgir selon et à tel endroit que nous l'avions ordonné. Mais, puis après, on fut encore d'avis, que notre barque et la leur (combien qu'elle fut bien petite) alassent de compagnie plus outre que la bouche, souz telle condition qu'ils retournassent à la navire, si d'aventure les Noirs venoyent pour les assaillir, sans vouloyr aucunement contester avec eux, pour autant que nous étions là venus pour traiter bonne paix avec les habitans du païs et aquerir leur bonne grace, pour laquelle obtenir, il y failloyt proceder par amytié, et non violemment ny par force. Or, après que nos barques eurent passé plus outre, nos gens commencerent à sonder le fond avec la sonde en plusieurs lieux, là où ne trouvant par tout moins de seize pas d'eau, s'avancerent plus outre, l'espace de deux milles. Au moyen dequoy, voyant les rivages du fleuve tresplaisans et bien peuplés d'arbres verdoyans, et le fleuve faire encore plusieurs detours plus en sus, ne trouverent bon de naviger davantage. Mais sur ce point, voulant retourner arriere, veirent sortir de la bouche d'un petit fleuve (qui se joignoyt avec cet autre) trois almadiés (qui à notre mode s'appelleroyent chalans) lesquelles sont toutes d'une piece de grans arbres cavés, et faites en maniere de ces tonnes qu'on meine derriere les bateaux, lesquelles almadiés étant par ceux de nos barques, decouvertes, craignans qu'elles ne vinssent pour les outrager, joint aussi, qu'ils avoyent été avertis par les autres Noirs, que tous ceux de ces païs étoyent archers, lesquels decochoyent fleches envenimées (combien qu'ils se sentissent assés bastans pour leur faire tete), neantmoins, pour obeir à ce qu'on leur avoyt commandé, et pour n'emouvoyr quelque plus grand scandale, commencerent à ramer, singlans le plus tôt qu'ils peurent vers notre navire, à laquelle, pour quelque diligence qu'ils y seussent faire, ne peurent si tôt parvenir, qu'ils n'eussent les almadiés aux epaules, à moins de la longueur d'un trait d'arc, pour autant qu'elles sont treslegeres. Et incontinent que les nôtres furent dans les caravelles, nous commençames à faire signe à ces Noirs de s'aprocher ; mais s'étant arretés n'en feirent aucun semblant, pouvant être dans ces almadiés environ vingt et cinq, ou trente Noirs, lesquels après s'être amusés quelque temps à regarder chose, qui par eux et leurs ayeuls n'avoyt jamais eté veuë (cest à savoyr navires d'hommes blancs) sans vouloyr proferer une seule parole pour chose qu'on leur seut dire, s'en alerent à leurs afaires. Au moyen dequoy la journée se passa sans autre chose faire.

Du païs de Gambre, de l'habit des Noirs, du combat qu'ils eurent avec les Portugaloys auquel furent occis plusieurs de ces Noirs, lesquels par leur maigre reponse donnerent ocasion aux Portugaloys du retour.

E matin ensuivant, en temps calme, environ heure de tierce, avec deux navires (dans lesquelles nous étions demeurés arriere) feimes voile pour suivre la route et aler retrouver la flote et puis après s'emboucher dans le fleuve, souz esperance que nous trouverions au plat païs les personnes plus humaines que celles que nous avions dans ces almadiés. Et ainsi l'ayant abordée, et singlans en compagnie vinmes surgir à la bouche de ce fleuve dans lequel nous commençames à engoulfer. En quoy faisant, la petite caravelle devançoyt la flote des navires qui la suyvoyent l'une après l'autre, tant que nous eumes passé le banc, par delà lequel nous n'eumes pas plus tot navigé quatre milles, que nous decouvrimes quatre almadiés (je ne say de quel lieu sorties) lesquelles nous suivoyent fort roidement. Ce qu'apercevant, nous tournames sur icelles ; mais doutant leur trait envenimé (comme nous en avions été avertis) nous couvrimes les navires le mieux qu'il nous fut possible ; puis nous rangeames en ordre, encore que nous fussions en mauvais equipage d'armes. Et les ayant abordées en peu de temps (à cause que la mer étoyt calme) elles me vinrent donner en proue, pour autant que j'étoys le premier qui fut mis au milieu, nous divisant en deux parties ; puis contames les almadiés, qui étoyent jusques au nombre de quinze de telle grandeur que sont grandes barques ; lesquelles ayant laissé la vogue, les avirons haucés, se meirent à nous regarder comme chose merveilleuse. Et ayans nombré les gens qui étoyent dans icelles, trouvames qu'ils étoyent cent trente ou cent cinquante au plus qui nous sembloyent de belle taille, et bien formés mais tresnoirs, tous vetus de chemisolles blanches de cotton, portans en tete quelques chapeaux blancs à la mode des Alemans, fors que de chaque coté il y avoyt un bord ou aile, avec une plume blanche au milieu du chapeau, voulant pour cela donner à entendre, qu'ils étoyent gens de guerre. En proue de chacune d'icelles almadiés se voyoyt un Noir, avec une rondelle au bras, qui nous sembloyt être de cuir; et ainsi ne se mouvant en rien, ny semblablement ne se trouvant personne des notres qui feit aucun semblant de les irriter, ny offenser, en fin apercevans deux de nos navires, qui suivoyent à la queue, s'adrecerent à icelles, lesquelles ayant abordé, sans autre salutation, mettant bas les rames, saisirent leurs arcs, desquels commencerent à decocher fort dru. Ce que voyant ceux qui étoyent dans nos navires dechargerent quatre canons, qui, de leur epouvantable son, engendrerent telle crainte et frayeur au cœur de ces Noirs tous nouveaux à ouyr tel tintamarre, que comme gens eperdus quiterent et abandonnerent leurs arcs, regardant çà et là, non moins remplis de froide peur que surprins du merveilleux ebaïssement, regardoyent les boulets des artilleries donner dans l'eau et tomber tout auprés d'eux. Mais après qu'ils eurent demeuré par quelque temps sans veoyr autre chose, reprinrent leurs arcs, et nous feirent une nouvelle charge s'aprochant de nos navires à un jet de pierre, sur lesquelles ils decocherent une infinité de fleches, montrant par semblant une tres-grande hardiesse, lors que les mariniers commencerent avec leurs arbaletes à les escarmoucher; et celuy qui donna la premiere ataınte fut le fils de ce gentilhomme

Genevoys lequel assena d'un matelas [1] un Noir si rudement, qu'il luy enfonça l'estomac, dont il tomba mort soudainement dans l'almadié. Ce que voyant les autres, prinrent ce trait, lequel ils regarderent comme par grand' merveille de veoyr une telle maniere d'arme, combien que cela ne leur aportat tant de terreur, qu'ils laissassent à faire pleuvoyr le trait fort epés sur nos navires et ceux des caravelles n'en faisoyent pas moins de leur part envers iceux, desquels fut renversé en peu de temps une grande quantité, et de nous autres (comme ce fut le bon vouloyr du ciel, qui de tout dispose) ne s'en trouva aucun de blecé. Quoy voyant les Noirs, et leurs almadiés pretes à perir et être enfoncées, tous d'un acord se meirent à donner en poupe de notre petite caravelle sur laquelle ils feirent une apre decharge et violente pour autant qu'elle étoyt mal fournie de gens, et pirement armée ; de sorte que, voyant le danger auquel elle étoyt, je feys avancer mon navire sur icelle, que nous primmes au milieu de nos deux plus grans navires, canonant et decochant si brusquement sur ces Noirs, que nous les contraignimes à se jeter au large ; et nous (aprés avoyr acouplé les troys cara-

---

[1]. Matelas est dérivé du mot arabe Matrah qui a la signification d'arme de jet, de dard.

velles ensemble) jetant une ancre, sur laquelle demeurerent toutes troys par bonace, et depuis nous eforçames de parlementer avec ces Noirs, faisant de sorte par le moyen de nos truchemens (qui les appelloyent, et faisoyent signe) que l'une de ces almadiés s'aprocha de nous à un trait d'arc, et aux Noirs d'icelle nous feimes demander pour quelle occasion ils s'étoyent jeté sur nous pour nous molester en cette sorte, veu que étions gens de paix, etrangers, marchans qui tout ainsi que nous avions bonne amytié avec ceux du Senega, que par même moyen n'étions moins desireux de traiter un bon acord, s'il leur étoyt agreable. Car nous étions venus de regions lointaines pour faire quelques honnorables presens à leur roy et seigneur, de la part du roy de Portugal lequel étoyt merveilleusement curieux d'avoyr leur aliance et amytié. Au moyen de quoy, nous les suplions bien fort nous vouloyr dire en quel païs nous étions abordés, qui en étoyt seigneur, et comme se nommoyt ce fleuve, et qu'ils vinssent amyablement prendre de nos besongnes en troque des leurs, autant que bon leur sembleroyt, peu ou point, les asseurans que volontiers nous soumettrions à leur bon vouloyr et discretion. Or leur reponce fut, que par le passé, ils avoyent bien eu cognoissance de nous autres, et de notre aliance avec les Noirs de Senega, lesquels pour s'être oubliés de tant que de prendre notre acointance, ne pouvoyent être que laches et mechans ; pour autant qu'ils savoyent assés que nous autres ne vivions d'autre chose que de chair humaine, n'achetant les Noirs que pour les devorer. Ce que consideré, ils se passoyent bien d'avoyr notre amytié, laquelle fuyant de tout leur pouvoyr, s'eforceroyent tant que leur possible se pourroyt etendre, de nous faire à tous perdre la vie, pour puis après de tout ce qui seroyt notre, faire un present à leur seigneur lequel (comme ils disoyent) étoyt à troys journées de là ; et que ce païs étoyt celuy de Gambre, nous nommant ce gros fleuve, d'un nom que je n'ay peu retenir.

Or, en ces entrefaites, le vent s'étant levé, ne doutant rien de leur mauvais vouloyr, feimes voile sur eux. Ce qu'apercevant, singlerent à la rade, où ils prinrent terre et prit fin le combat. Depuis, consultames entre nous autres, à qui apertenoyt le gouvernement des navires, deliberant de passer plus outre sur ce fleuve l'espace de cent milles pour le moins, s'il étoyt de tant navigable, esperant trouver quelque autre plus courtoyse generation. Mais les mariniers (à qui le desir poignoyt de retourner en leurs maisons sans plus se vouloyr hazarder à tant de perils, et dangers) commencerent tous à s'ecrier d'un commun consentement, disant, qu'ils n'y consentiroyent jamais, et que ce qu'ils avoyent fait en ce voyage devoyt sufire. Tellement que nous autres voyant leur fantaisie être telle, ne seumes faire autre chose, sinon que adherer à leur vouloyr, pour eviter plus grand scandale, pour ce que sont gens fort mutins et obstinés. Au moyen dequoy, le jour ensuivant, partimes de là, pour nous mettre au retour, faisans voile à la volte du Cap verd pour reprendre la route d'Espagne.

Combien haute se voyoyt la Tramontane; des six etoiles du Pole Antartique; de la longueur des jours au deuxieme de Juin, de la qualité du païs et maniere de semer, et comme le soleil se leve en ces lieux sans être precedé de l'aurore.

PENDANT que nous sejournames sur la bouche de ce fleuve, nous ne peumes veoyr la Tramontane sinon une foys, laquelle nous sembloyt être fort basse sur la mer, si qu'on eut jugé n'en être distant la longueur d'une lance. Au moyen dequoy, il la falloyt veoyr en temps calme et serain. Nous eumes encore la veuë de six etoiles basses sur la mer, grandes, claires et etincelantes ; lesquelles choisissans par le signe de la bussole, nous nous trouvions à l'endroit d'icelles du coté d'Austre, et étoyent posées en cette maniere * *⁂* * *, lesquelles nous primmes pour le chariot d'Austre, mais nous ne peumes apercevoyr l'etoile principale, ce qui ne se pouvoyt aussi faire sans perdre la Tramontane. En ce lieu là, nous trouvames la nuict d'onze heures et demye, et le jour de douze et demye au premier ou second jour de Juillet. Ce païs est tousjours chauld en tout temps de l'année, fors quelques changemens qui s'y font, que les habitans appellent hyver ; car, depuis le commencement de Juillet, jusques à la fin d'Octobre, il ne se passe quasi jour qu'il n'y pleuve sur le midy, en cette maniere : il s'y leve quelques vapeurs ou nues continuellement de terre entre Grec et Levant, ou entre Levant et Siroch, avec grans tonnerres, foudres et eclairs, qui causent de grandes pluyes. En ce temps, les Noirs commencent à semer en la meme sorte qu'on fait au royaume de Senega, vivant de lait, miel et legumages. Et m'a été dit qu'en ce païs, par la grande chaleur de l'air, la pluye qui y tombe est chaude, et que l'aurore ou aube du jour ny aparoit aucunement avant soleil levant, comme en nos regions. Mais là l'obscurité de la nuict ne disparoit pas plustot, que le soleil se montre en un instant ; non pas qu'il rende clerté par l'espace de demye heure, ains se montre tout trouble. Et ne pense que la cause de ce lever du soleil si matin contre l'ordre de nos climats, puisse proceder d'autre chose que pour être ces regions trop basses et sans montagnes. Et de cette opinion se trouverent tous ceux de ma compagnie.

LA SECONDE NAVIGATION.

Qui furent les premiers à decouvrir les îles de Cap vert; deux desquelles furent nommées Bonne Veuë et Saint Jaques.

SELON ce que j'ay peu veoyr de ce païs de Gambre en ce mien premier voyage, on ne sauroyt dire que bien peu ou rien de la qualité d'iceluy. Car, (comme je vous ay fait entendre) les habitans de la marine sont rudes et de sauvage nature; au moyen dequoy, ils ne nous voulurent jamais donner loisir de prendre terre pour parlementer avec eux seulement, ny traiter d'aucune chose. Joint aussi, que nous ne peumes passer plus outre, à cause que nos mariniers ne s'y voulurent acorder. Tellement, que nous fumes contrains de faire retour en Espagne. Mais l'année d'après, ce gentilhomme Genevoys et moy feimes armer deux caravelles et mettre en equipage pour naviger et descouvrir ce grand fleuve duquel nous avons cy-dessus fait mention. Ce qu'étant venu à la cognoissance du Seigneur Infant susnommé (sans la permission duquel nous ne pouvions reprendre cette route) et comme nous avions de rechef entreprins ce voyage, il en receut contentement fort grand. Si qu'il print envie de faire aussi armer une caravelle pour expedier en notre flote. Puis, ayant fait provision de tout ce qui nous étoyt besoin, nous embarquames en un lieu nommé Lagus (qui est auprès du Cap saint Vincent) au commencement du moys de Juillet, et avec un vent à souhait, tenant la route des Canaries, là où nous arrivames en peu de jours. Mais pour ce que le temps nous favorisoyt tousjours, on fut d'avis, que nous suivissions nos erres sans prendre terre ; de sorte, que singlant tousjours à la volte d'Austre, continuant notre voyage, et avec le cours des eaux qui s'ecouloyent en bas à Garbin, nous exploitames fort, tant que finablement nous parvinmes à Cap Blanc, lequel ayant doublé, nous nous jetames au large en mer, là où de nuyct fumes surprins d'un mauvais temps de Garbin, avec un vent impetueux et contraire; dont pour ne retourner arriere, fumes contraints de tirer à la volte de Ponant, pour parer, et nous tenir cotiers, ce que nous feimes par l'espace de deux nuicts et troys jours, au bout desquels nous decouvrimes terre, si que tous les matelots se prinrent à crier terre, terre! qui nous feit grandement emerveiller, pensant que nous en fussions encore bien eloignés. Car nous n'étions pas encore avertis, qu'il y eut là aucune terre, dont pour en être mieux acertenés, feimes monter deux hommes en la gabie, lesquels decouvrirent deux grandes îles ; de quoy nous rendimes graces au Seigneur qui tenoyt la main à notre conduite, pour nous faire avoyr la veuë des choses incognuës, à cause que nous savions bien ces iles avoyr été ignorées par les Espagnols, lesquelles estimant être habitées (pour tousjours prendre la cognoissance de choses diverses, et pour tomber en quelque bon rencontre) nous primmes la route de l'une d'icelles, que nous abordames en peu d'heures. Mais, nous semblant de grande etendue, la rasames quelque temps à veuë de terre, tant que nous vinmes surgir en un lieu, où nous pensions trouver fort bon sejour, et là demeurames à l'ancre jusques à ce que le temps se fut rendu calme. Etant ainsi ancrés, nous jetames l'esquif dehors, que nous equipames d'armes et de tous points pour luy faire prendre terre, afin de savoyr s'il y avoyt aucunes gens ou habitation. Ce qui fut fait, et chercha l'on assez, sans trouver aucun signal, ny brisées, par lesquelles on peut comprendre que cette île fut habitée. Mais le jour ensuivant, pour m'en rendre du tout resoulu, je feys mettre en terre dix hommes bien en ordre et armés d'arbaletes, ausquels j'enchargeay de monter en cette île du coté qu'elle étoyt montueuse et haute, pour veoyr s'ils pourroyent decouvrir d'autres îles, où s'ils trouveroyent quelque autre chose. Mais ayant prins ce chemin, ils ne peurent rien veoyr, sinon qu'elle étoyt habitée, combien que fort peuplée de pigeons qui se laissoyent prendre à la main, pource qu'ils ne savoyent ce que c'étoyt des hommes. Au moyen de quoy ils en tuerent une grande quantité avec batons, qu'ils porterent dans les caravelles. Toutefoys, après qu'ils furent parvenus à la sommité d'icelle, ils decouvrirent troys îles, à l'une desquelles nous ne primmes garde, pour ce qu'elle étoyt souz le vent de la partie de Tramontane : et les autres deux étoyent de l'autre coté d'Austre en notre chemin, toutes à veuë l'une de l'autre. Il leur sembla aussi de veoyr bien avant dans la mer quelque chose retenant forme d'îles devers Ponant, mais on n'en eut seu juger au vray, pour la longue distance, qui m'ota le vouloyr de m'y transporter, tant pour ne perdre temps et suivre mon voyage, comme pour ce que je les estimoys habitées et sauvages, non plus ny moins que les autres. Mais depuis, au raport de ces quatre que j'avoys decouvertes, d'autres s'y transporterent, y trouvant des îles tant grandes, que petites, inhabitées, auquelles ne se trouvoyt autre chose que pigeons, oyseaux etranges et divers, avec grande pescherie.

Mais pour retourner à la matiere, nous laissames cette île, et reprenant nos erres en vinmes à decouvrir deux autres, et en cotoyant l'une (qui nous sembloyt fort peuplée d'arbres) alames surgir à la bouche d'un fleuve qui provenoyt de cette île, l'eau duquel pensant être fort bonne, quelques uns des miens, feirent prendre terre, et se transporterent au premier lieu sur le rivage d'iceluy fleuve, là où ils trouverent certains petits lacs de sel beau et blanc, duquel ils aporterent dans nos vaisseaux en grande quantité, et primmes de cette eau, qui nous sembla fort bonne. En ce lieu là, nous trouvames grand nombre de tortues ; et en meimes quelques unes dans les caravelles, dont le dessus étoyt plus grand qu'une targue et d'icelles les mariniers tuerent grande quantité qu'ils apreterent en diverses manieres, disant qu'ils en avoyent autrefoys mangé au goulfe d'Argin, là où il s'en trouve semblablement, mais non pas si grandes. Vous asseurant, que la curiosité d'avoyr l'experience de plusieurs choses me feit venir envie d'en manger, et ne me semblerent moins bonnes que la chair d'un veau, tant elles étoyent savoureuses et odorantes, ce qui nous en feit saler en grande quantité, lesquelles nous servirent en partie de bonne munition durant notre voyage.

Nous peschames encore à la bouche du fleuve, et dans iceluy même, là où nous trouvames du poisson en si grande abondance, que ce seroyt une chose incroyable de l'ouyr reciter; et s'en y trouva de tels, dont nous n'avions jamais eu la cognoissance, au reste, tresbons et de bonne grandeur.

Le fleuve est de belle etendue, de sorte, qu'une nef de cent cinquante tonneaux y pourroyt facilement emboucher, ayant un trait d'arc en largeur. Nous y sejournames deux jours pour nous recreer et rafraichir. Vous avisant, que nous nommames la premiere île[1], où nous

---

[1]. Les îles du Cap Verd sont au nombre de dix : la première, du costé de deça, s'appelle Saint-Anthoine, la seconde Saint-Vincent, la troisiesme Saint-Lucas, la quatriesme Saint-Nicolas, la cinquiesme del Sal, la sixiesme de Bueno vista, la septiesme de Mayo, la huitiesme Santiago, la neufviesme del Fuego, la dixiesme Bravo..... Les Portugais en habitent et cultivent une partie, les autres ne sont seulement habitées que de bestiaux comme de chèvres qui y sont en grand nombre. Il y a abondance de fruits et de vivres. La principale est celle de Saint-Nicolas dont toutes les autres dépendent; c'est le siège de l'évesque et de la justice. La proximité du Cap Verd qui est en terre ferme à cinquante ou soixante lieues seulement où les Portugais trafiquent tous les jours d'esclaves nègres en grand nombre, fait que ces îles sont fort fréquentées à cause de cette marchandise qu'on

primmes terre, Bonne veuë, pour être la premiere terre que nous decouvrimes en ces parties, et à l'autre (qui nous sembloyt de plus grande etendue, que toutes les autres) imposames le nom de Saint Jaques, pour autant que nous y vinmes surgir à tel jour, au moyen dequoy elle a retenu le nom de l'Ile Saint Jaques.

meine peu après aux Indes occidentales et au Bresil et mesme en Portugal. Pyrard de Laval, *Voyages*, Paris, 1679, page 5.

D'un lieu nommé les deux Palmes et d'une île, qui retint le nom Saint André : du Roy Forosangole et du Seigneur Battimansa.

APRÈS toutes ces choses, nous feimes depart de ces quatre îles, singlans à la volte de Cap verd, tellement qu'en peu de jours, moyennant l'aide du Seigneur, nous doublames terre à Spedegar, en un lieu, qui se nomme les deux Palmes, lequel est entre le Cap verd et le fleuve de Senega [1]. Mais pour avoyr cognoissance de cette terre, nous passames outre, cotoyans le cap que nous avions passé le matin precedent, avec un tel vent en poupe, que nous parvinmes une autre foys au fleuve de Gambra, dans lequel

---

1. Les deux Palmes (Las Palmas) reçurent ce nom de Denis Fernandez à cause de deux palmiers qu'il aperçut sur la côte. Le port qui porte ce nom est commode ; il est situé à soixante milles du fleuve Senega. L. Sanudo, *L'Africa*, f° 79 r°.

nous engoulfames incontinent sans aucun contredit des Noirs, ny de leurs almadiés, navigeans tousjours en sondant iceluy fleuve sur lequel aucunes almadiés de ces Noirs rasoyent les rivages, sans ozer venir aux aproches. Or, en ces entrefaites, vinmes à decouvrir une île dans ledit fleuve par l'espace de deux milles, près de laquelle étant demeurés à l'ancre par un dimanche, l'un de nos mariniers trepassa, qui avoyt, jà par longtemps, été vexé par un grand accès de fievre. Et combien que sa mort nous aportat une marisson extreme, neantmoins considerant le vouloyr de Dieu être tel, suportames l'inconvenient patiemment, luy donnant sepulture en cette île, laquelle (pour autant que son nom étoyt André) nous nommames l'île Saint André, ainsi appellée, jusques à maintenant. Or, de la ayant fait depart, et navigeant en sus selon le fleuve, ces almadiés nous suivoyent de loin, dont faisant signe à ceux qui les guidoyent, et étant appellés par nos truchemens, leur montrions quelques taffetas noirs et autres choses, les asseurans qu'ils nous pouvoyent aborder seurement, et avec ce, que nous leur ferions part de ce que nous avions, et qu'ils n'eussent doute de rien, car nous étions gens traitables et humains. Ce qui les enhardit, et peu à peu se venoyent acostant, rejetant la defiance qu'ils avoyent eue de nous ; tant qu'à la fin, ils vinrent en ma caravelle, dont l'un d'iceux (qui entendoyt mon truchement) entra dans la nef, et s'emerveilla grandement de notre mode de naviger, et des voiles, pource qu'eux n'ont autre usage d'aler sur eau sinon avec les rames, qui les faisoyt estimer qu'on n'eut seu naviger autrement. Et outre que toutes ces choses luy causoyent une admiration fort grande, il ne se trouvoyt moins ebahy de veoyr hommes blancs, et de notre habit semblablement, qu'ils trouvoyent fort etrange et fort diferent à celuy duquel ils usent; avec ce, qu'ils vont nus, au moins la plus grande partie, et s'il s'en y trouve quelqu'un vetu, c'est d'une chemise de cotton blanc seulement.

Nous receumes ce Noir bien amyablement, et avec grandes caresses, nous enquerant de plusieurs choses de petite importance, et petit à petit, luy seumes si bien ouvrir son estomac et sonder sa pensée, qu'il nous acertena ce païs être celuy de Gambre, et que leur principal seigneur étoyt Forosangole, lequel faisoyt sa residence loin du fleuve devers Midy et Siroch (selon ce qu'il nous montroyt) l'espace de dix journées, et étoyt vassal de l'empereur de Melli, qui est le grand empereur des Noirs; mais que neantmoins, il y avoyt plusieurs autres seigneurs de moindre autorité et puissance, qui faisoyent leur residence auprès du fleuve, tant d'un côté que d'autre. Et si nous le trouvions bon, qu'ils nous adreceroyt vers l'un d'iceux qui s'appelloyt Battimansa[1], envers lequel il moyenneroyt par toutes voyes de prendre amytié avec nous, d'autant que nous luy semblions gens de bien et de bonne sorte. Nous trouvames bon ce gracieux ofre d'un tel homme, et le feimes naviger avec nous et luy timmes bonne compagnie tant que montant tousjours selon le fleuve, nous parvinmes au lieu de la residence de Battimansa, qui, selon notre jugement, pouvoyt être eloigné de la bouche d'iceluy fleuve par l'espace de soissante milles et plus.

1. Mansa ou Massa dans le dialecte bambara a la signification de roi.

Du present qui fut fait a Battimansa; des marchandises qu'enleverent les Portugaloys en troque; de la mode de naviger des Noirs de ce païs et de leurs rames.

IL fault noter, que navigeant sur ce fleuve (qui en reçoyt plusieurs autres) nous alions encontre Levant; et le lieu auquel nous demeurames à l'ancre, étoyt beaucoup plus etroit que la bouche, là où, selon notre jugement, n'y avoyt plus outre d'un mille de largeur. Or, après être arrivés en ce lieu, nous fumes tous d'avis d'envoyer un de nos truchemens avec ce Noir par devers le Seigneur Battimansa, ce que nous feimes, avec une alzimbe ouvrée de soye à la moresque[1], que nous appellons une chemise, laquelle étoyt assés belle et faite en la terre des

---

1. Il faut lire Aldjubbèh au lieu de Alzimbe. Le mot Djubbèh désigne une robe ouverte à manches courtes.

Mores, enchargeant à notre homme de luy dire comme nous étions venus par le commandement de notre Seigneur le roy de Portugal chretien, pour traiter avec luy bonne paix et amitié, et pour savoyr s'il auroyt besoin des choses de ses païs et qu'il ne faudroyt de luy en envoyer chacun an. Le truchement se meit en compagnie de ce Noir, lequel le mena la part, où etoyt le Seigneur, à qui ils feirent tel raport de nous, qu'il y envoya incontinent certains Noirs, lesquels ne prinrent seulement amytié avec nous, mais receurent encore plusieurs choses en troque contre quelques esclaves noirs et certaine quantité d'or, combien que ce fut peu de chose à comparaison de ce que nous y pensions trouver, car le bruit excedoit la verité, mais cela semble grand chose à eux, pour être pauvres. Au moyen dequoy, ils ont cet or en plus grande estime (selon que j'en peu cognoitre) que nous autres, en tant qu'ils le tiennent comme chose fort pretieuse, encore qu'ils nous le laisassent à bon compte au respect des choses de peu de valeur qu'ils prenoyent de nous en echange. Nous demeurames là onze jours, pendant lesquels plusieurs Noirs habitant deçà et delà le fleuve, se transportoyent dans nos caravelles, les uns pour veoyr choses nouvelles, les autres pour nous vendre anneaux d'or, et quelques petites besongnes, desquelles ils usent entre eux, comme chemisoles, filets et draps de cotton tissus à la mode, les uns blancs, les autres bigarrés de verd, blanc et bleu, et d'autres encore de rouge, blanc et bleu, fort bien faits. Ils apportoyent aussi plusieurs magots et marmots, grans et petits, de diverses sortes, desquels il s'en trouve en ce païs une grande quantité. Au moyen dequoy, ils les troquoyent contre chose de petite valeur, comme pour dix marquets la piece, qui sont environ six blancs de notre monnoye. Ils nous apportoyent semblablement de la civette et des peaux des chats qui la font, nous laissans l'once de la civette pour une autre chose en troque, qui ne pouvoyt monter à la valeur de quarante ou cinquante marquets, non qu'ils la vendissent au poys, mais je le dys par jugement. Les autres nous apportoyent des fruits de diverses sortes, et entre autres, il y avoyt une quantité de petites dattes et sauvages, qui n'étoyent pas de grand gout, ny trop apetissantes. Mais ils en mangeoyent fort savoureusement, et plusieurs de nos mariniers même faisoyent le semblable, les trouvant (comme ils disoyent) d'un autre gout que les nôtres, combien que je n'en voulus jamais tater, de peur qu'elles ne me causassent quelque flus ou autre corruption. Tant y a, qu'il ne se passoyt jour que n'eussions nouvelles gens en nos caravelles et de divers langages, qui ne cessoyent jamais de courrir çà et là, dans ce fleuve, avec leurs almadiés, femmes et hommes, en la maniere même que l'on fait de par deçà, où il y a port et passage sur les fleuves. Mais tout leur naviger est à rames, avec lesquelles ils voguent tous debout, tant d'un coté que d'autre, ayant tousjours quelqu'un de surcroit, qui vogue par derriere, tantôt deçà tantôt delà, pour drecer l'almadié ; et n'apuyent la rame sur chose que ce soyt, mais la tiennent avec les mains, étant faite de cette sorte : ils ont un boys comme une demye lance de la longueur de sept pieds et demy, et au bout d'iceluy est cloué ou ataché un ais à la mode d'un tranchouër rond, et ainsi voguent à force de bras dans ces almadiés, rasans la cote de la mer, ayant plusieurs bouches de fleuves, là où ils se retirent ce qui les fait naviger seurement.

Mais ordinairement, ils ne s'ecartent gueres du païs, pour ce qu'ils ne sont asseures d'une terre à autre. Car, ceux qu'on peut surprendre, sont vendus pour esclaves. Finablement, les onze jours revoulus, nous deliberames de deplacer et decendre à la bouche de ce fleuve, pour autant que plusieurs des notres se sentoyent ataints d'une fievre chaude, vehemente et continue ; ce qui nous feit avancer notre depart.

De la foy, maniere de vivre et de façon des habits d'iceux.

SELON que nous avons veu, et pour le recit qu'on nous feit pendant que nous sejournames là, ces peuples idolatrent en plusieurs sortes, ajoutant foy aux charmes et enchantemens, et à plusieurs autres œuvres diaboliques, qu'ils imitent et mettent en effet. Mais ils recognoissent tous un Dieu, toutefoys qu'il y a encore plusieurs de la secte Mahommetane. Ce sont gens qui pratiquent en divers païs sans demeurer jamais à la maison, pour ce que les païsans ne savent rien faire. Quant à leur maniere de vivre, ils se gouvernent à l'imitation des Noirs du royaume de Senega, et usent de memes viandes, fors qu'ils ont plus de sorte de ris qui ne naissent au royaume de ces premiers Noirs; et avec ce, mangent chair de chien, ce que je n'ouys jamais dire avoyr été fait par autres.

Leur habit est de chemisolles de coton, chose qui n'est observée par les Noirs de Senega, qui vont quasi tous nus ; mais la plus grande partie de ceux-cy vont vetus pour ce qu'ils sont abondans en cottons. Les femmes ne se parent aussi autrement, sinon qu'elles se delectent étans petites et de jeune aage, de se tracer aucuns ouvrages avec la pointe d'une eguille, sur l'estomac, sur les bras et sur le col, qui ressemblent à ceux de soye qu'on souloyt faire sur les mouchouers, et sont faits avec le feu, qui les fait demeurer à jamais.

La region est fort chaude, et tant plus on s'avance envers Austre, et plus semblent les païs être chaleureux et mêmement sur cette riviere nous sentions une chaleur plus vehemente que vers la marine, pour être couverte et rafraichée par la grande quantité d'arbres (dont elle est peuplée) qui croissent par tout le païs. Pour representer la grandeur desquels, ainsi que nous puisions de l'eau en une fontaine auprès le rivage du fleuve, il y avoyt un arbre de merveilleuse grosseur, qui ceignoit (ce que cognumes par le mesurer) dix sept brasses autour du pied, lequel étoyt en plusieurs lieux percé et cavé ; et les rameaux qui pendoyent en bas, étoyent fort larges, de sorte qu'il venoyt à rendre un grand ombrage. Toutefoys, il s'en trouve de plus merveilleuse hauteur et grosseur ; tellement que cecy vous peut acertener et porter temoignage de la bonté du terroir et donner à cognoitre la fertilité du païs pour être arrousé de plusieurs eaux.

Des elephans qui se trouvent en ce païs; par quel moyen on leur donne la chasse; de la longueur de leurs dens, et forme du pied d'iceux.

IL se trouve en ce païs une grande quantité d'elephans; et entre autres, j'en ay vu troys sauvages, car ils ne les savent aprivoiser comme l'on fait aux autres païs. Et étant avec la navire arretés au milieu du fleuve, nous les veimes tous troys sortir d'un boys et aler sur les rivages. Or, pour les aborder, nous sautames quelques uns dans l'esquif, mais ils ne nous eurent pas plus tot aperceuz, qu'ils s'en retournerent dans le boys. Depuis, j'en veys un autre petit mort, pour autant qu'un seigneur des Noirs nommé Guumimensa (qui faisoyt sa residence prés la bouche de ce fleuve) pour me complaire, délibera luy donner la chasse, le poursuivant par l'espace de deux jours, tellement qu'il le contraignit à rendre les aboys. Ils vont à la chasse à pied sans porter autres armes ofensives, sinon javelines ou epieux envenimés, comme nous avons dit cy-dessus; ce que sont semblablement leurs arcs et fleches; puis, vont trouver ces elephans dans les boys qui sont fort touffus et pleins d'arbres, derriere lesquels les Noirs se cachent et rampent encore dessus; là où étans, dardent leurs javelines ou fleches envenimées sur ces animaux; et vont ces Noirs s'elançant d'arbre en arbre, tellement que l'elephant pour être de corpulence si massive, avant qu'il se puisse mouvoir, est ataint par plusieurs foys, sans pouvoir parer aux coups ny les eviter. D'une chose je vous oze bien asseurer, qu'au large où les arbres ne seroyent si drus, il ne se trouveroit personne qui print l'hardiesse de l'aborder. Car il n'y a homme, pour leger et habile qu'il soyt, qui puisse devancer à la course un de ces animaux, encore qu'il n'aille que le pas : chose que m'ont acertenée plusieurs Noirs. Toutefoys, il n'est de nature fiere ou cruelle, ny qui assaille l'homme, qu'il ne s'en sente premierement ofencé. Tant y a, que je veys premierement ce petit elephant mort en terre, la dent longue duquel n'excedoyt pas troys palmes, dont l'une des troys étoyt encharnée dans la machouère, tellement qu'il n'en paraissoyt au dehors plus de deux palmes, qui étoyt signe de sa jeunesse à comparaison de ceux qui en ont de dix à douze palmes, et pour petit qu'il fut, nous fumes tous de cette même opinion qu'il devoyt avoyr de chair pour cinq ou six taureaux des notres. Ce seigneur me meit au chois d'en prendre telle portion que bon me sembleroyt, et que le reste fut distribué et comparty aux veneurs pour manger, dont ayant entendu que les Noirs usoyent de cette chair, j'en feys tailler une piece que je mangeay bouillie et rotie ; puis après, j'en feys porter dans mon vaisseau pour experimenter plusieurs choses, et pour raporter que j'avoys mangé de la chair d'un animal qu'aucun de mon païs ne se pourroyt vanter en avoyr eu la veuë seulement. Mais cette chair ne me sembla trop savoureuse, car je la trouvay dure, mal fade et de peu de gout. J'en raportay un des pieds et partie de la trompe à la nef avec plusieurs poils que j'en arrachay, lesquels étoyent noirs, de la longueur d'une palme et demie ou plus, et fort gros. Toutes lesquelles choses ensemble avec une partie de la chair qui fut salée je presentay en Espagne au Seigneur Infant dom Henrich, qui les reçeut comme pour une grande singularité, pour être les premieres qu'on luy eut presentées de ce païs là decouvert par son moyen et industrie.

Je ne veux pas icy obmettre, que le pied de l'elephant est quasi tel à l'entour que celuy de cheval, s'il y avoyt de la corne, car ce n'est qu'un cal tres-gros et noir duquel proviennent cinq ongles touchant terre. Toutefoys, le pied de ce jeune elephant n'étoyt pas si petit qu'il n'excedat la largeur d'une palme et demye souz la plante de tous cotés. Ce seigneur me feit encore present d'un autre pied d'elephant, lequel ayant plusieurs foys mesuré par dessous, je le trouvade la largeur de troys palmes et un doit tant de long comme de large, et de tous cotés, lequel je presentay semblablement au Seigneur Infant, avec une dent de la longueur de douze palmes, laquelle avec le pied grand, il envoya à la duchesse de Bourgongne, comme pour une chose rare et singuliere [1].

Il se trouve davantage en ce fleuve de Gambra et en plusieurs autres de ce païs (outre les calcatrices et autres animaux divers) un animal qui se nomme poysson cheval, qui est quasi de la nature d'un veau de mer, qui maintenant se trouve dans l'eau et tantot sur terre, desquels deux elemens il prend sa nourriture et est de cette forme : il a le corps de telle grandeur qu'une vache, est court de jambes, dont les pieds sont fendus, et le reste retient forme de cheval, sinon qu'il a deux

---

[1]. Isabelle de Portugal, fille de Jean I, épousa, le 10 janvier 1429, le duc de Bourgogne, Philippe le Bon. Elle mourut en 1471.

dens de chaque coté en maniere des mires d'un sanglier, lesquelles sont fort longues, tellement que j'en ay veu de la longueur de deux palmes et plus quelques foys. Cet animal se jete hors de l'eau et chemine sur le rivage comme une bete à quatre pieds, mais il ne s'en trouve en autre partie, là où nous autres Chretiens navigeons (selon ce que j'en ay peu entendre) si ce n'est paraventure dans le fleuve du Nil.

Nous veimes encore en ces parties là des vespertilions ou chauve-souris de la grandeur de troys palmes et plus, avec plusieurs autres oyseaux diferens aux notres et mêmement une infinité de papegaux, et une quantité indicible de poyssons en ce fleuve, d'autre espece, gout et forme que les notres. Combien qu'ils soyent au manger fort delicats et savoureux.

D'aucuns fleuves qui furent decouvers, du seigneur de Casamansa, et autres choses.

Nous feimes depart de Mansa, ou du païs du Seigneur Battimansa (comme je vous ay fait entendre par cy devant) par le mauvais portement de nos gens, et sortimes en peu de jours de ce fleuve, à l'yssue duquel trouvant que nous étions assez bien fournis de vivres, il nous sembla qu'il nous tourneroyt à grand honneur (mêmement nous voyant tant avancés) de freter plus outre, rasant la cote. Joint aussi, que nous avions troys navires fort bien équipées et fournies de gens, tant que nous trouvans tous de conforme opinion, un jour environ tierce, avec un vent à souhait nous feimes voile, et pour autant que nous étions fort engoulfés dans la bouche du fleuve de Gambra, avec ce que la terre de la partie d'Austre et Garbin s'avançoit fort dans la mer, se montrant verdoyante et peuplée d'une infinité de beaux et grans arbres, nous singlames à la volte du Ponant pour nous jeter au large dans la mer. Ce qu'ayant fait, et après avoyr gaigné païs, nous cognumes que ce n'étoyt pas un cap qui meritat d'être mentionné. Car outre cette pointe, on decouvroyt la terre qui suivoyt à la file, le long de la cote ; neantmoins, nous navigeames tousjours à veuë d'icelle, et autour d'icelle nous regardions battre la mer hors plus de quatre milles, qui nous feyt faire tenir continuellement deux hommes en proue, et un autre sur l'arbre dans la gabie pour decouvrir les ecueils ou bancs qui y pouvoyent être ; et de jour, navigions à demye voile, avec grand egard ; puis, de nuict, mettions une caravelle à la suite de l'autre, selon que le sort en ordonnoyt, car autrement chacun eut bien voulu veoyr devant soy son compagnon pour servir de guide. Et demeurames en cette extremité tousjours flotans à veuë de terre, par l'espace de troys jours, à la fin desquels nous vinmes à decouvrir la bouche d'un fleuve d'assez bonne etendue, et selon qu'il nous sembloyt, elle pouvoyt avoyr de large l'espace d'un demy mille, laquelle outrepassant devers le soir, nous veimes un petit goulfe, qu'on eut quasi prins pour la bouche d'un fleuve ; mais à cause qu'il étoit tard, nous demeurames à l'ancre ; puis le matin ensuivant, mettant voile au vent, nous engoulfames quelque peu, tellement que la bouche d'un autre grand fleuve se presenta à notre veuë, laquelle ne me sembloit gueres de moindre grandeur que le fleuve de Gambra, duquel nous avons parlé par cy-devant, dont les rivages tant d'un coté que d'autre, se voyoyent tout couvers d'une infinité d'arbres haults, drus et verdoyans, ce qui nous donna envie de nous en acoster, si que nous y vinmes surgir. Et aprés avoir consulté ensemble, il fut areté qu'on armeroyt deux de nos esquifs, dans lesquels nous envoyerions deux de nos truchemens en terre, pour decouvrir le païs et en raporter quelques nouvelles, avec le nom de cette riviere, pour s'enquerir aussi du seigneur de ces parties, et comme il se nommoyt. Laquelle chose ne fut pas plus tot deliberée que mise en efet ; de sorte, qu'étant les esquifs de retour, nous fumes acertenés par les truchemens, que le fleuve se nommoyt Casamansa, comme si l'on vouloyt dire, le fleuve du seigneur Noir nommé Casamansa, lequel faisoit sa residence dans iceluy, trente milles avant, combien que il ne s'y retrouvoit pour lors, pour ce qu'il étoyt en une guerre qu'il avoyt sucitée contre un autre seigneur.

Ce qu'ayans entendu, nous feimes depart le jour en-suivant, après avoyr observé, que depuis le fleuve de Gambra jusques à cetuy-cy de Casamansa, y a environ cent milles, qui font vingt et cinq lieues.

D'un lieu nommé Cap rouge, et à quelle occasion; du ruisseau Sainte Anne, de celuy Saint Dominique, d'un autre fleuve et de la marée de ce païs, qui monte et devale.

APRÈS que nous fumes partis de ce fleuve de Casamansa, nous reprimmes nos erres, tousjours suivant la cote, tant que nous parvinmes à un cap, qui (à mon avis) est distant de la bouche de ce fleuve par l'espace de vingt milles, étant un peu plus hault que la terre de cette cote; tellement que l'ayant decouvert, le sommet nous sembloyt rougir de loing. Et depuis, singlans selon la cote, nous vinmes surgir à la bouche d'un fleuve assez spacieux, et qui tenoyt d'etendue (comme il nous étoyt avis) autant que pourroyt porter une arbalete. Toutefois, il ne nous print aucune envie de le sonder, mais le nommames seulement le ruisseau Sainte Anne; lequel ayant passé, et suivant nos erres, y trouvames un autre fleuve en cette même cote qui ne nous sembla de moindre largeur que celuy susnommé, et lui donnames le nom Saint Dominique, depuis lequel jusques au Cap rouge jugeames par avis pouvoyr être de cinquante cinq à soisante milles. Depuis, cotoyans tousjours, et tenant un même chemin à une journée de là, nous vinmes surgir à la bouche d'un fleuve de si ample etendue, que nous la pensions premierement être quelque goulfe, combien que nous pouvions apercevoyr les beaux arbres verdoyans de l'autre coté vers la partie d'Austre; et fumes tous d'opinion que cette bouche pouvoyt contenir en son etendue vingt milles et plus; car nous demeurames assez longtemps à la traverser d'un coté à autre, là où étans abordés, nous decouvrimes quelques iles en mer[1]. Au moyen dequoy, nous deliberames avant que partir de ce lieu, nous in-

---

[1]. Le Cap rouge, le Cabo Roxo des portulans portugais s'élève au sud du fleuve Rha ou Casamança et doit son nom aux roches rouges dont il est formé. Le Rio Santa Anna se détache du Rio de Las Palmas et coule dans la direction du sud pour se jeter dans l'Océan.

Le Rio San Domingo se jette également dans l'Océan : à son embouchure se trouve un banc qui rend cette rivière bourbeuse jusqu'à une lieue et demie de la côte, jusqu'au village Catcheo où elle s'unit à un autre cours d'eau nommé Sarge Lagoun. Le dernier fleuve dont parle Ca' da Mosto est le Rio de Las Ilas. Cf. Dapper, *Description de l'Afrique*, pages 242-243.

former et raporter quelques nouvelles de ce païs. Et pour ce faire, nous jetames l'ancre incontinent. Or, étant ainsi en sejour, le jour ensuivant, nous veimes deux almadiés prendre la route des navires et tirer droit à nous, lesquelles almadiés étoyent fort grandes, tellement que l'une d'icelles se pouvoyt parangonner à l'une de nos caravelles, fors qu'elles n'étoyent pas de telle hauteur ; et dans la plus grande venoyent environ trente Noirs. L'autre qui étoyt moindre, portoyt environ seize hommes, lesquels apercevant venir à nous si roidement à vogue, en la maniere que avés ouye, pour la doute, que nous eumes, tous nos gens se meirent en armes en les attendant, pour veoyr quelle yssue prendroit la chose, et ce qu'ils voudroyent faire. Mais incontinent qu'ils furent auprés de nous, ils commencerent à lever un linge blanc attaché à une rame, comme s'ils eussent voulu demander seurté ; à quoy leur feimes reponce par le semblable, ce qui les enhardit de nous aborder. Donc, la plus grande des deux almadiés s'acosta de ma caravelle, dans laquelle ces Noirs regardoyent mes gens, à cause de leur blancheur, comme par une grande merveille et s'amusoyent semblablement à contempler notre navire avec l'arbre et l'antenne en croisée, pour ce que c'est une chose qu'ils ignorent, et par consequent entre eux inusitée. Si que pour le desir que j'avoys de savoyr quelque chose de ces gens icy, je leur feys parler mes truchemens, qui ne seurent jamais les entendre, ny être entendus d'eux, ce qui nous causa un tresgrand deplaisir, si que nous feumes contrains de nous deplacer sans jamais pouvoyr entendre, par leur moyen, aucune chose de ce païs. Tellement que pour nous retrouver en etrange region en laquelle nous ne pouvions être entendus, nous vinmes à regarder que de passer plus outre ne seroyt qu'un travail en vain, d'autant que pour cela nous pensions tousjours trouver plus nouveaux et etranges langages, qui nous detourneroyent de pouvoyr mener à fin quelque chose bonne ; ce que consideré, nous deliberames de nous mettre au retour.

Mais pendant notre sejour (qui fut de deux jours) il se trouva un Noir de ces almadiés qui nous donna aucuns annelets d'or en troque contre quelques autres choses, sans toutefoys proferer aucunes paroles, sinon qu'il marchandoit par signes. Nous trouvames en ce lieu une grande contrarieté qui ne se void autre part, selon ce que j'ay peu entendre : c'est que la marée monte et devale comme à Venise et par tout le Ponant ; mais en lieu qu'elle croit par l'espace de six heures, et met autant à se retirer en nos parties, cette-cy demeure à monter l'espace de quatre et huit à devaler. Et est si grande l'impetuosité de la concurrence des ondes de cette marée, lors qu'elle s'enfle et commence à monter, que c'est une chose quasi incroyable, pource qu'à peine pouvions nous être retenus de troys ancres par proue, encore falut il deplacer par l'efort des eaux, avec grand danger, car l'afluance des flots impetueux avoyt plus de force que le vent à pleine voile.

Des deux grandes îles et autres petites.

Nous partimes donq de la bouche de ce fleuve pour faire voile en Espagne et reprendre les erres de notre venue, tirant à la volte de ces îles, que nous avions decouvertes, qui étoyent distantes de terre ferme par l'espace de trente milles, là où nous vinmes surgir; et en trouvames quelques autres petites et deux grandes, lesquelles sont habitées des Noirs, fort basses et bien peuplées d'arbres verds et de merveilleuse hauteur et grosseur; mais la langue des habitans d'icelles nous étoyt autant etrange comme celle des autres. Au moyen dequoy, nous n'y demeurames long temps, mais feimes voile, prenant la route de nos regions chretiennes faisans tant par nos journées, que le Seigneur nous conduit à bon port.

NAVIGATION DU CAPITAINE PIERRE DE SINTRE, PORTUGAIS;
ECRITE PAR MESSER ALOUYS DE CADEMOSTE.

*Du ruisseau de Besegue; d'un lieu nommé Cap de Verga,
et de la qualité de cette côte.*

PAR ce mien precedent discours, vous avez pu entendre ce que j'ai vu pendant le temps de ce voyage que je fis en ces parties auxquelles après moi d'autres se sont transportés, entre lesquels le serenissime roi de Portugal y envoya, après le decès du seigneur Infant dom Henri, un Pierre de Sintre, ecuyer d'icelui seigneur, et capitaine de deux caravelles armées, lui donnant commission de freter plus outre, rasant cette côte des Noirs, afin de pouvoir decouvrir plusieurs pays, pour auxquels se transporter il prit en sa compagnie un jeune Portugais, mien ami, qui avoit demeuré avec moi en mon voyage pour ecrivain; et, au retour de ces caravelles, celui-ci demonta en ma maison, là où il me donna par ecrit, de point à autre, tout le pays qu'ils avoient decouvert, avec les noms qu'ils avoient imposés aux lieux et leurs sejours, le tout par ordre, qui est depuis le Grand ruisseau, là où nous fûmes auparavant, comme nous viendrons à declarer par ci après.

Or, pour commencer à vous donner connoissance des lieux desquels il m'informa, il me dit qu'ils avoient penetré jusqu'à ces grandes îles habitées, en l'une desquelles ils prirent terre et parlerent avec ces Noirs, sans que jamais ils pussent être entendus aucunement; toutefois ils ne laisserent de se transporter en leurs habitations un peu avant en terre, qui étoient certaines cabanes et logettes de paille trespiteuses, trouvant des idoles en aucune d'icelles, qui leur fit presumer que ces Noirs étoient idolâtres, et adoroient ces statues[1].

---

1. **Les îles de Bisegos ou Bigiohos.**
Ces îles sont au midi de celles des Buramos vis-à-vis du royaume de Guinola. Il y en a dix-sept et qui sont habitées par des peuples appelés Bi-ja-gos. La plus considérable de toutes ces îles est celle que les Portugais appellent Ilha Formosa ou île de Ferdinand de Po, le premier qui l'a découverte... Comme ces îles sont arrosées de plusieurs ruisseaux, elles sont fort fertiles. La terre est couverte d'arbres et on y recueille du vin de palmier, de l'huile et plusieurs autres fruits. Le

Mais ne pouvant avoir autre reponse d'eux, ni en rapporter autre chose, ils s'en retournerent embarquer, reprenant leurs erres et suivant leur route selon cette côte, passerent plus outre, tant qu'ils vinrent surgir à la bouche d'un grand fleuve, qui pouvoit avoir en largeur d'etendue de trois à quatre milles, et y a l'espace de quarante milles depuis la bouche de ce grand fleuve, par commun avis, jusqu'à cette bouche, qui est d'un fleuve appelé Besegue, nom qui provient de celui du seigneur qui fait residence sur la bouche d'icelui, d'où ayant fait depart, vinrent surgir à un cap, qu'ils nommerent le cap de Verga, et est montueuse toute la côte depuis le fleuve jusqu'à icelui, combien que assez basse, et dont les montagnes se voient toutes peuplées (en tant que contient cette etendue qui est par l'espace de quarante milles) de beaux et grands arbres, qui se montrent verdoyants de bien loin, objet fort plaisant à la vue.

---

terroir est plain et uni et, sans beaucoup de culture, il est fort propre à rapporter toute sorte de grain, mais on n'y sème ordinairement que du riz; on y a aussi de la cire, de l'ivoire, du poivre long que les Portugais appellent *Piementa de Cola* dont les Turcs et Sarrazins font grand état. La mer jette aussi fort souvent de l'ambre gris sur le bord. Dapper, *Description de l'Afrique*, page 244.

D'un lieu appelé le cap de Sagres; de la foi, coutumes de vivre et de la maniere de voguer des habitants d'icelui.

APRÈS qu'ils eurent passé ce cap de Verga, naviguant selon la côte par l'espace d'octante milles, ils decouvrirent un autre cap, lequel par l'avis de chacun de leurs mariniers, est le plus haut qu'ils eussent jamais vu, faisant à sa sommité une pointe en forme de diamant, et étant tout couvert de beaux arbres, hauts et verts, lequel ils nommerent cap de Sagres, en souvenance d'une forteresse que fit bâtir le seigneur Infant dom Henri sur l'une des pointes du cap Saint-Vincent, qu'il nomma Sagres, à cause de quoi ce cap est appelé, par les Portugais, le cap Sagres de Guinée, les habitants duquel sont idolâtres, par le rapport des pilotes, et adorent statues de bois en forme d'hommes, auxquelles, quand il est heure de manger, ils presentent de la viande; et sont ces gens plutôt basanés qu'autrement, ayant aucunes marques sur le visage, faites avec le feu, et sur tout le corps qu'ils ne couvrent aucunement, sinon qu'en lieu de hauts-de-chausses, ils usent d'ecorces d'arbres, avec lesquelles ils se couvrent les parties honteuses, sans qu'ils aient aucun usage du maniement des armes, à cause qu'il n'y a point de fer en ces pays. Ils vivent de riz, mil, comme de feves et plusieurs legumages qui sont d'autre qualité que ne sont les nôtres, c'est-à-dire, plus gros et plus beaux, avec chair de vache et de chevre, mais echarcement. A l'object de ce cap, y a deux îlettes dans la mer, distantes l'une de l'autre par l'espace de six milles, et sont inhabitées pour être de si petite etendue, combien qu'elles soient peuplées d'une grande quantité d'arbres verdoyants. Ceux qui habitent sur le fleuve usent d'aucunes almadiès tres-grandes, dont chacune peut porter de trente à quarante hommes, voguant à plusieurs rames sans fourches ni appui, comme j'ai dit auparavant, et ont tous les oreilles percées et pleines de trous tout autour, y portant plusieurs anneaux d'or pendants, et attachés les uns avec les autres. Ils ont semblablement le nez percé par dessous et au milieu, auquel ils attachent un anneau à la maniere que les portent les bufles en ces parties; mais ils l'arrachent toutes et quantes fois qu'ils veulent manger, ce qui est observé autant bien des hommes comme des femmes ; et disent, outre ceci, que les femmes des rois et seigneurs ou bien des personnes plus apparentes, ont toutes les extremités de la nature percées d'aucuns trous, comme les oreilles, et dans iceux, par dignité ou pour denoter leur hautesse, portent des anneaux d'or, qu'elles tirent et remettent quand bon leur semble.

*Du ruisseau de Saint-Vincent; du fleuve Vert;
du cap Liedo, et autres choses.*

PASSÉ le cap Sagres, environ quarante milles, l'on vint à trouver un autre fleuve appelé le ruisseau Saint-Vincent, qui a d'etendue en bouche l'espace de quatre milles, et plus outre s'elargit un mille davantage. Puis passant plus outre, selon la côte, l'on rencontre un autre fleuve lequel s'appelle le ruisseau Vert étant plus large en bouche que n'est celui de Saint-Vincent; et à ces fleuves-ci ont eté imposés les noms par les Portugais des caravelles du capitaine Pierre de Sintre. Tout ce pays et la côte sont en montagnes, et y fait bon surgir partout, d'autant qu'il a bon fond.

Après qu'on a passé ce ruisseau par l'espace de vingt et quatre milles, on decouvre un autre cap, qu'ils nommèrent cap Liedo, qui vaut autant à dire en notre vulgaire, comme joyeux pour autant que c'est un pays beau et verdoyant. Et plus outre, il y a une montagne qui s'etend par l'espace de cinquante milles, étant peuplée d'arbres treshauts et verdoyants, à la fin de laquelle se voient avant en mer, environ huit milles, trois îlettes, dont la plus grande peut avoir de tour de dix à douze milles, et nommerent icelles les Sauvages la montagne Serre-Lionne, à cause du grand bruit qui s'y fait par l'horrible son et eclatement des tonnerres qui bruyent toujours sur icelle, que les nues environnent continuellement.

*Du cap Rouge; de celui de Sainte-Anne; de la qualité
de cette côte, et autres choses.*

LA côte de cette montagne Serre-Lionne[1] passée, on vient à trouver delà en avant, terre basse et plages, avec plusieurs bancs d'arene, qui entrent dans la mer; et delà le cap de cette montagne, l'espace de trois milles, et le nommerent le fleuve Rouge, pour autant que l'eau apparoissoit de loin comme rouge, à cause de la sable qui étoit au fond, laquelle tiroit sur le rouge.

1. Sierra Liona, dit Dapper, est le nom de montagnes, d'un royaume et d'une rivière. Quoique ce mot espagnol ne signifie proprement que montagne de la Lionne, l'origine de ce mot est que les flots donnant sur un des écueils qui est sur cette côte, font un bruit qui s'entend de fort loin et qui ressemble fort au rugissement d'une lionne. Ajoutez à cela que les sommets des montagnes sont toujours couverts de nuées, quoique le soleil y donne à plomb deux fois l'année, ce qui fait qu'il en sort des foudres, des éclairs et des tonnerres qui se font entendre en pleine mer à vingt ou trente lieues de la côte. *Description de l'Afrique*, page 246.

Outre ce fleuve, il y a un cap dont le terroir se montre comme rougissant, au moyen de quoi ils le nommerent cap Rouge. Et à l'object d'icelui, se voit dans la mer, l'espace de huit milles, une île inhabitée, laquelle ils appelerent par même raison l'île rouge, à cause de ce cap; et en icelle (qui est distante du fleuve Rouge, l'espace de dix milles), la Tramontane apparoît de la hauteur d'un homme sur la mer. Passé ce cap Rouge, on vient à decouvrir un golfe, et au milieu d'icelui se vient rendre un fleuve, qu'ils nommerent le fleuve Sainte-Marie-de-la-Neige, parce qu'il fut decouvert à tel jour, et de l'autre côté du fleuve y a une pointe, et à l'oposite d'icelle, un peu dans la mer, se voit une petite île. Dans ce golfe y a plusieurs fosses et levées d'arène, qui durent suivant la côte par l'espace de dix à douze milles, à l'endroit que bat la mer, là où il y a grande concurrence d'eaux et marée, qui monte et se retire. Ils nommerent cette île, l'île des bancs, pour la grande quantité des levées d'arène qui s'y voient. Et outre icelle se voit un grand cap, qu'ils appelerent le cap Sainte-Anne, pour avoir été découvert ce même jour, étant eloigné de cette île par l'espace de vingt et quatre milles, et est toute cette côte en plage et peu profonde.

Du fleuve des Palmes et autres choses.

Outre le cap Sainte-Anne, par l'espace de soixante milles, selon la côte, se trouve un autre fleuve, qu'ils ont nommé le fleuve des Palmes, pour en être fort peuplé sur ses rivages; mais sa bouche (quoiqu'elle se montre d'assez bonne etendue) est toute pleine de bancs et levées de sable, qui rendent l'entrée fort dangereuse, etant tout en plage ce qui se trouve entre le cap Sainte-Anne et ce fleuve-ci, au-delà duquel l'espace de soixante milles, toujours selon la plage de cette côte, on en vient à trouver un autre petit, qu'ils nommerent le ruisseau des Fumées, pour autant que, l'ayant decouvert, ils ne virent sur terre autre chose que fumée. Et outre ce fleuve, environ vingt et quatre milles, selon la même plage, l'on decouvre un cap qui s'avance dans la mer, lequel ils nommerent le Cap de la Montagne, à cause que, le voyant de loin, il en apparoît une treshaute au-dessus. Puis de là ce cap, suivant toujours la plage par l'espace de soixante milles, il s'en présente un autre petit à la vue, et non trop haut, lequel semblablement l'on diroit être surmaché d'une autre montagne, qu'ils nommerent cap Courtois, sur laquelle ils aperçurent plusieurs feux qui étoient faits par les Noirs, lorsqu'ils eurent decouvert nos navires, qu'ils trouvoient de nouvelle façon, à cause qu'ils n'en avoient jamais vu d'autres. Au delà de ce cap, environ seize milles par la plage, il y a un bois peuplé de beaux arbres verdoyants, qui s'etend jusque sur l'eau de la marine, et icelui nommerent Bocage-Sainte-Marie, derriere lequel allerent surgir les caravelles, qui ne furent pas plus tôt arrivées que quelques petites almadiés de Noirs les vinrent aborder avec deux ou trois hommes tout nus dans chacune, portant en main certaines hastes pointues, en maniere de dards ou javelots, avec quelques petits couteaux, et entre tous pouvoient avoir deux targues de cuir et trois arcs; auquel equipage s'accostèrent aux caravelles des Portugais, à qui ils donnerent le moyen de les contempler; en quoi faisant, ils aperçurent qu'ils avoient tous les oreilles percées et pleines de trous, et le nez semblablement; et entre les autres s'en trouvoit qui avoient aussi des dents enfilées, qui sembloient être d'hommes. Ils leur firent parler par divers truchements, qui ne purent jamais être entendus d'une seule parole : au moyen de quoi, on ne put tirer ni entendre d'eux aucune chose que ce soit. Il s'en trouva trois d'iceux qui entrerent dans l'une des caravelles, dont l'un fut detenu par les Portugais, qui laisserent aller les autres où bon leur sembla, pour accomplir en cela le commandement de leur roi, qui leur avoit expressement enchargé qu'ils cherchassent tous les moyens d'amener, à leur retour, un homme de la derniere terre où ils arriveroient (si d'aventure leurs truchements n'y etoient entendus), par force ou par amour, pour d'icelui être acertainé par le moyen de plusieurs autres Noirs qui se trouvoient en Portugal, là où ayant appris le langage, il pût donner quelque connoissance de ces pays. Pour cette occasion, ce Noir fut detenu, et n'étant les Portugais deliberés de passer plus outre, le menerent avec eux en Portugal, là où ils le presenterent à leur roi, qui le confronta avec plusieurs Noirs, desquels il ne put jamais être entendu. Mais finalement l'ayant presenté devant une esclave Noire d'un citadin de Lisbonne, qui étoit semblablement de regions lointaines, fut par icelle entendu, non par son propre langage, mais par le moyen d'un autre, duquel l'un et l'autre avoient la connaissance; et l'on n'a pu savoir autre chose de ce que cet esclave fit entendre au roi de son pays sous l'interpretation de cette femme, sinon qu'on y trouvoit, entre autres animaux, des licornes; dont Sa Majesté l'ayant tenu quelques mois, après lui avoir fait montrer plusieurs singularités de son royaume, le guerdonna de quelques presents, puis le fit accompagner dans une caravelle en son pays, auquel personne n'avoit encore auparavant penetré jusqu'à mon depart d'Espagne, qui fut le premier jour de fevrier, l'an de l'Incarnation 1463.

INDEX ALPHABÉTIQUE

A

Abdallah Ebn Yassin, chef religieux des Merabetin, 13 n.
Accolofs (Les), 72 n.
Adeger, 40 n.
Alcaforado (Francisco), 25 n.
Alchifels, alkiffièh, 47.
Aldjubbèh (robe), 159 n.
Ale (Royaume d'), 128 n.
Alexandrie, 112.
Alger (Royaume d'), 64 n.
Almadiè (pirogue), 85 n., 137, 141, 156, 177, 185.
Alzimbe, aldjubbèh, 159.
Amat di S. Filippo (Pietro), XVII, 22 n., 124 n.
Anbara, 63 n.
Anterote, 71.
Aoudaghort, 13 n.
Arabes (Les) 12, 39 n., 47, 48, 49, 55, 66, 73, 77, 79, 98, 116.

Arguin, Argin (Ile d'), 39-40, 43, 47, 48, 65, 152.
Arzile, Arzilla, Azella, 64.
Azafi, voyez Safy.
Azanaghes (Les), 12, voyez Zenaga (Les).
Azurara (Gomes Eannes de), 7 n.

B

Bafing (Sénégal), 70 n.
Baol (pays de), 128, 129 n.
Bar ou Djolof, Bar-ba Djolof, chef des Djolof, 128 n.
Barbacins (Les), 128. — (Ruisseau des), 131.
Barbares, Berbers (Les), 41, 45, 48, 116.
Barbaro (Marco), x.
Bardi (Maison des), de Florence, 45 n.

Barqah, Barcha, 45 n., 46.
Barros, 11 n., 22 n., 24 n., 70 n., 71 n.
Barth (H.), 13 n.
Battimensa (Le seigneur), 158, 159, 172.
Bekri (El), 63 n., 84 n.
Bérenger-Féraud, 129 n.
Bergeron, 31 n.
Besegue (Ruisseau de), 181, 183.
Bethencourt (Jean de), 30 n.
Bi-ja-gos (Les), 182 n.
Bisboror, 89, 107.
Bissagos (Iles), IX, 182 n.
Blanc d'Éthiopie (Le cap), 38, 41, 43, 71, 125, 149.
Blanche (L'île), 40.
Boccace, 30 n.
Bombadilla (Seigneurs de), 19 n.
Bonne veuë (Buena vista), île de, 154.
Boucher de la Richarderie, xv.
Boudamel, Bour-Damel, voyez Budomel.
Bourba Sine, 128 n.
Bourgogne (Duchesse de), 169.
Bournal (Rayon de miel), 120.
Brak ou Oualo (Chef du Ouolo), 128 n.
Bravo (Ile), 153 n.
Brocaelo (Royaume de), 128 n.
Budomel (Pays et seigneur de), 86-108, 122.
Buena vista (Ile), 153 n.
Buramos (Iles), 182 n.

C

Ca' da Mosto (Alvise), VIII-XVII, 1, 6.
Cabo Branco, le cap Blanc d'Éthiopie, 38 n.
Cabo Roxo, 176 n., voyez Cap Rouge.
Cademoste, voy. Ca' da Mosto.
Caire (Le), 63.
Calcatrici (Serpents), 105.
Cambra de Lobos (Madère), 24 n.
Campidoglio Veneto (Le), 15 n.
Canaries (Iles), 30-37, 149.
Canem, 63 n.
Cantin (Cap de), 41, 43.
Cap Blanc (Le), voy. Blanc (Cap).
Cap de la montagne (Le), 192.
Cap Rouge (Le), 175, 176, 189, 190.
Cap de Verga (Le), 183.
Cap Vert (Le), XVII n., 73. — (Iles du), 1, 114 n., 124, 125.
Caravelles de Portugal, 11, 48, 49, 70, 177.
Carreira (Vicomte de), 7 n.
Casamance (La Haute-), 129 n.
Casamansa (fleuve), 173, 174, 176 n.
Catcheo (Village), 176 n.
Cayor (Pays de), 128 n., 129 n.
Chambre des loups, — des lions, à Madère, 24 n., 26.
Ciampi (Sébastien), 30 n.
Cintra (Pedro de), X, XI, XIV.
Cochia (Kougah, Gagoa), 62.

Cœurs (L'île des), 40.
Cola (Pimenta de), 183 n.
Conti (Patricio di), 15 n.
Cougha (Ville de), 63 n.
Courtois (Cap), 192.
Cuirs (L'île des), 40 n.

D

Damel ou Cayor (Chef du Cayor), 128 n.
● Dapper (O.), XVI, 13 n., 25 n., 128 n., 176 n., 183 n., 188 n.
Davity (P.), XVI, 10 n., 40 n., 51 n., 63 n., 64 n.
Denguèh (Sénégal), 70 n.
Dentés (poissons), 23.
Deyrat Hunayn, 64 n.
Dieppe, VIII.
Diès (Vincent), 19.
Diniz Fernandez, 70 n., 71 n.
Djolof (Pays de), 128 n.
Duarte de Portugal (Dom), 9 n.

E

Eannes de Azurara (Gomes), 7 n.
Edouard de Portugal (Dom), 9 n.
Edrissy, 63 n.
● Esclaves noirs, 4, 76, 117, 129, 132, 153 n., 193.
● Éthiopie (l'), X, 1, 3, 6, 41, 72, 73.

F

Fer (Ile de), 30, 31, 37.
Ferdinand de Portugal (Dom), 9 n.
Ferdinand de Po (Ile), 182 n.
Fernandez (Denis), 155 n.
Ferrera (seigneur des Canaries), 31.
Fez (Royaume de), 10, 64.
Fiuro (Ilha de), 31 n. Voyez Fer (Ile de).
Fonzal, voyez Funchal.
Formosa (Ile), ou Fernando Po, 182 n.
Forosangole (Le roi), 157.
Fort'aventure, Fuertaventura (Ile), 30, 31 n.
Fournaise d'Argin (La), 39.
Fouta Sénégalais (Le), 73 n.
Francazano (Montalbaddo), XI.
Fuego (Ile del), 153 n.
Funchal (Fonzal), 24 n., 25, 26.

G

● Gagoa (Royaume de), 62 n.
Galam (Le), 74 n.
Gambie (La), 73 n. — (Royaume de), 122.
Gambra (fleuve), 155-169, 173, 174.
Gambre (Pays de), 108, 134, 135, 139-145, 157.
Garzes (Ile des), 40.

Gênes, 156 n.
Genevoys (Gênois), 107, 123, 132, 133, 142, 148.
Gentile (Bianchina), 123 n.
Ghanata (Royaume de), 13 n.
Giloses (Gilofes), 73.
Gion (Le), fleuve, 72.
Gomere (Ile de la), Gomera, 30, 31 n., 37.
Gonnie (Épée turque), 133.
Gonzales (Antoine), 15.
Grenade, 39 n., 48.
Grynæus, xii.
Guinée (La), viii, xvi.
Guinola (Royaume de), 182 n.
Guumimensa (Le seigneur), 166.

H

Hakluyt, 25 n.
Henri de Portugal (Dom), viii, ix, 7 n., 15, 16, 21 n., 47, 48, 70, 122, 149, 168, 169, 181, 184.
Herrera (Diego de), 31 n.
Hoden, 44, 48, 49, 54, 64.
Honeïn (One), 64 n.
Humanbar, Hunain, Humain, 64 n.

I

Ibn Batouta, 54 n., 56 n., 98 n.
Ilas (Rio de las), 176 n.
Isabelle de Portugal, 169 n.

J

Jean, roi de Castille, 31 n.

K

Kobou (Pays de), 129 n.
Kougah (Royaume de), 62 n.

L

Labat (J.-B.), 70 n.
Lagus (Lagos), dans les Algarves, 19, 149.
Lamt (Vanta). 83 n.
Lanzarote, Lancerote (Ile), 30, 31 n.
Laprade (Le col), 129 n.
Léon l'Africain (J.), 2 n., 56 n.
Liedo (Cap), 187.
Lusitano (Candido), 7 n.

M

Macico (Roberto), 25 n.
Madère (Ile de), 16, 24-29, 36.
Madrignani (Archangelo), xii.
Magie (La), à Cougha, 63 n.
Mahométans, en Afrique, 50, 51 n., 79, 99, 163.
Major (R. Henry), xvi, 8 n., 31 n.
Manchico, 24 n.

Mandingo, Mandingues (Les), 13 n., 70 n.
Manigueste, voyez Mellegette.
Mansa ou Massa, 158 n.
Maroc, 64.
Matelas (Arme de jet), 142.
Mayo (Ile de), 153 n.
Megere (Ile de), 30.
Mellegette, Melegueste, Manigueste, 45 n.
* Melli (Royaume de), 3, 13 n., 55, 56, 57, 59, 60, 61, 62, 98 n., 157.
Mense Suleyman (Le roi), 44 n., 56 n., 98 n.
Merabetin (Les), 13 n.
Messa, ville, 10 n., 64.
Menonfites (Les), 54 n.
Miguol (liqueur), 104.
Mocquet, 24 n.
Monchric (Monchrico), 24, 26.
Mosto (Alvise Ca' da), voyez Ca' da Mosto.
Mosto (Andrea da), xi, xvii.
Mosto (Giovanni da), viii.

N

* Naõ (Cabo de), voyez Non (Cap de).
Nar (Ile de), 40 n.
* Nègres (Pays des), 39 n., 51 n., voyez Noirs (Royaume des).
Niger (Le), 2, 3, 4, 44, 56 n., 69, 72.
Nil (Le), 4, 63 n., 72, 170.
Nîmes, 45 n.
Noirs (Royaume des), 2, 3, 6, 13, 44, 48, 49, 55, 67, 69, 73, 83, 87, 110, 114, 115, 129, 157, 163.
Nolli (Antonio de'), ix, voyez Usodimare.
* Non (Cap de), 10, 11, 12.

O

One (Honeïn) 64.
* Or (commerce de l'), en Afrique, 58, 60, 62, 63 n., 64, 115, 178.
Oran, 64.
Oualo (Le), 74 n., 128 n.
Ouolofs, Yolofs (Les), 70 n., 71 n., 73 n., 128 n.

P

Pallastrelli (Famille des), 22 n.
Palmas (Las) ou La Palme, 31 n., 32, 37, 155. — (Fleuve des), 191.
Park (Mungo), 70 n.
Pegolotti (Balducci), 45 n.
Perestrello (Barthélemy), 21 n.
Pharao (Poules de), 113.
Plaisance, 22 n.
Pollastrel (Bartelemy), voyez Perestrello (Barthélemy).

Port Saint, (Porto Santo), 20, 21, 23.
Portugais (Les), 7-9, 16, 21, 23, 25, 30 n., 39 n., 42, 48, 49, 52, 64 n., 65, 132, 143, 153 n.
Prévost (L'abbé), xv.
Priuli, x.
Pyrard de Laval, 153 n.

Q

Querini (Élisabeth), ix.

R

Ramusio (G. B.), xiv.
Redouer (Mathurin du), xii, xiv, xv.
Reposera (Village de), 15.
Rha (Fleuve) ou *Casamança*, 176 n.
Rio Grande (Le), ix, 1 n., voyez Ruisseau (Le Grand).
Rouge (Le Cap), voy. Cap Rouge.
Rouge (Le fleuve), 189.
Ruchamer (Iobstein), xv.
Ruisseau (Le Grand), 1, 3.
Ruisseau des fumées (Le), 191.

S

Safi (Azafi), au Maroc, 10 n., 64 n.
Sagres (Cap de), 184, 185.
Sahara, voyez Sarra.

Saint André (Ile), 156.
Saint Anthoine (Ile), 153 n.
Saint Dominique (Rivière), Rio San Domingo, 176.
Sainte Anne (Rivière), Rio Santa Anna, 175, 176 n. — (Cap), 190, 191.
Sainte Marie (Le boys), 1, 192.
Sainte-Marie-de-la-Neige (Fleuve), 190.
Saint Jacques (L'île), 3, 4, 153, 154 n.
Saint Lucas (Ile), 153 n.
Saint Nicolas (Ile), 153 n.
Saint Thomas (L'île), 2.
Saint Vincent (Le cap), 19, 184, 186. — (Ile), 153.
Sal (Ile del), 153 n.
Saloum (Pays de), 128 n., 129 n.
San Domingo (Rio), 176 n.
Sanhadja ou Zenaga, 69 n.
Sansovino, x, xi.
Santa Anna (Rio), 176 n.
Santa Cruz (Madère) ou Sainte Croix, 24 n., 26.
Santiago (Ile), 153 n.
Sanuto (L.), xvi, 10 n., 64 n., 155 n.
Sarge Lagoun (Rivière), 176 n.
Sarra, Sahara (Désert de), 41.
Saussou (Tribu des), 13 n.
Scussa, x.
Segelmessa, 55 n.
Seiroc Mendei, 39 n.
Sel (Commerce du), 54, 55, 56, 57, 58.

Senega, Senegal (Le), fleuve, 3, 49, 69, 70 n., 71, 86.
Senega (Royaume de), 73, 102, 108, 110, 126, 128 n., 130, 143, 163, 165.
Senegues (Les), 12 n., voyez Zenaga (Les).
Sereres (Les), 128, 129 n.
Serre-Lionne (Sierra Leone), 188, 189.
Séville, 123 n.
Sicile (La), 48.
Sine (Roi de), 128 n. — (Pays de), 129 n.
Sintre (Pierre de), 1, 181, 187.
Spedegar, 155.
Spinola (Anfione), 123 n.
Suleyman (Le roi), voy. Mense-Suleyman.
Syrie (La), 63.

T

Taghâza, voyez le suiv.
Tegazza (Taghâza), 54, 55.
Tegghia dei Corbezzi (Angelino del), 30 n.
Temest (Messa), 64 n., voyez Messa.
Temporal (Jean), xii.
Ténériffe, 31 n., 32, 33.
Teodoro de Pavia (P.), 25 n.
Tessera (Tristan), 25. Voy. Vaez (Tristan).
Tibar, tibr, 48 n.

Tider (Ile de), 40 n.
Tinbouktou, voyez le suiv.
Tombut (Tombouctou), royaume de, 3.
Tombut (ville de), 44, 55, 63.
Toro (Le), 73.
Toucoulors (Les), 74 n.
Tret, 63.
Tripolitaine (La), 45 n.
Tristan (Le chev. Nuno), 38 n.
Tuchusor (Pays de), 74.
Tunis (Thunes), 39 n., 48, 63.

U

Usedemer (Antiniottin), Antonietto Usodimare, ix, xvii n., 123, 132, 133, 142.

V

Vaez (Tristan) ou Tristan Tessera, 21 n., 24 n., 25.
Vanta (Lamt), 83.
Venier (Élisabeth), x.
Venise, x, 14, 15 n.
Vénitiens (Les), 18.
Verga (Cap de), 183.
Vérone, viii.
Vert (Le Ruisseau), 187.
Vicence, xi.
Vivaldi (Les frères), 124 n.

W

Wakare (Les), 13 n.
Walckenaer (C. A.), xvi.
Wangara (Le), 63 n.

Y

Yagsa (Capitale des Barbecins), 128 n.
Yolofs (Les), 73 n., voyez Ouolofs.

Z

Zarcho (Gonsalez) ou Zuangonzales, 21 n., 24 n., 25, 26.
Zenagha (Les), Azanaghes ou Senegues, 12 n., 13 n., 49, 50, 51, 52, 53, 55, 65, 66, 69, 71, 75, 77, 79, 95, 98, 116.
Zeno (Marco), ix, 15 n.
Zorzi (Alessandro), xi.
Zuangonzales, voyez Zarcho (Gonsalez).
Zucholin, roi de Senega, 75.
Zurla (P.), x, xvi.

TABLE DES MATIÈRES

Introduction... VII
Discours sur ce qui est contenu dans les navigations de messer Alouys de Cademoste, gentilhomme Vénitien (1455-1456). 1
Sur les navigations... 6
Première navigation... 14
Du séjour de messer Alouys au cap Saint Vincent et de son depart, l'an ensuyvant, pour la route des îles Canaries. 19
De l'île Port saint où nous arrivâmes... 21
Du port de l'île de Madere, et de ce qu'elle produit... 24
Des sept îles des Canaries et des coutumes des habitants... 30
Du cap Blanc d'Ethiopie, de l'île d'Argin et autres adjacentes. 38
Discours de l'Ethiopie et du desert qui est entre icelle et la Barbarie; et pour quelle occasion il a retenu le nom de cap Blanc... 41
Des poyssons qui se trouvent du long de cette cote, et des bans d'arene qui sont au goulfe d'Argin... 43
Du lieu de Hoden, des marchandises et coutumes d'icelui. 44
De l'ordonnance faite par le Seigneur Infant en l'île d'Argin sur le fait des marchandises : du fleuve de Senega et des coutumes des Azanaghes... 47
Quelle chose ils pensoyent être nos navires, les ayans premierement decouvertes... 52

D'un lieu appellé Tegazza duquel on tire grande quantité de sel : là où il se porte; par quel moyen et comment on fait marchandise. 54

De la stature et forme d'aucuns, qui ne veulent en sorte que ce soyt, exposer en veuë, et en quel lieu se transporte l'or qu'on retire d'iceux. 59

Quelle monnoye se dépend entre les Azanaghes et de leurs coutumes. 66

Du grand fleuve appelé le ruisseau de Senega, anciennement nommé Niger et comment il fut retrouvé. 69

Du royaume de Senega et de ses confins. 73

En quelle manière l'on procede à la creation des roys de Senega, et comment ils se maintiennent en leur état. . . . 75

De la foy de ces premiers Noirs. 79

De la maniere des habits et coutumes des Noirs. 80

Des guerres qui surviennent entre eux et de leurs armes. . . 83

Du païs de Budomel, et du seigneur d'iceluy. 86

Du seigneur de Budomel lequel commit messer Alouys sous la garde d'un sien neveu nommé Bisboror; et combien les Noirs de ces marines sont expers à la nage. 89

De la maison du seigneur de Budomel et de ses femmes. . . 92

Cerimonies desquelles Budomel veult qu'on use lorsqu'il donne audience et de la manière qu'il observe faisant ses prières. 96

De la façon de vivre et manger de Budomel. 101

De ce que produit le pays de Senega; comme l'on procede à cultiver la terre, et par quel moyen s'y fait le vin. . . . 102

Des animaux qui se trouvent en ce royaume. 106

Des animaux qui se trouvent au royaume de Senega, des elephans et autres choses notables. 109

Des oyseaux de ce païs, de la diversité des papegays et de l'industrie grande de laquelle ils usent à faire leurs nids. . 112

Du marché que font les Noirs et des marchandises qui ont cours en iceluy. 114

Par quel moyen sont gouvernés les chevaux, comme ils se vendent; et de certains charmes et enchantements qu'on use lorsqu'on les achete. 116

De la coutume des femmes de ce païs; de ce qui cause grande admiration aux hommes et de quels instruments ils savent sonner.................. 118

De deux caravelles que je rencontray, dans l'une desquelles étoyt messer Antionottin gentilhomme Genevoys, avec lequel je me meys à la route de Cap verd............ 122

Pour quelle ocasion ce cap est appelé Cap verd; de troys îles decouvertes, et de la cote d'iceluy cap........ 125

Des Barbacins et Sereres noirs; de leur gouvernement, coutumes, de la qualité et guerres du païs........ 128

Du ruisseau des Barbacins et d'un truchement, lequel fut mis en terre pour s'informer du païs........... 131

De troys almadiés qui furent de notre route, dont ceux qui étoyent dedans ne voulurent tenir propos avec nous, et de la façon d'icelles............... 135

Du païs de Gambre, de l'habit des Noirs, du combat qu'ils eurent avec les Portugaloys auquel furent occis plusieurs de ces Noirs, lesquels par leur maigre reponse donnerent ocasion aux Portugaloys du retour............ 139

Combien haute se voyoyt la Tramontane; des six étoiles du Pole Antartique; de la longueur des jours au deuxième de Juin, de la qualité du païs et manière de semer, et comme le soleil se leve en ces lieux sans être precedé de l'aurore. . 146

SECONDE NAVIGATION.

Qui furent les premiers à découvrir les îles du Cap vert; deux desquelles furent nommées Bonne Veuë et Saint Jaques. . 148

D'un lieu nommé les deux Palmes et d'une île, qui retint le nom Saint-André; du Roy Forosangole et du Seigneur Battimansa................. 155

Du present qui fut fait à Battimansa; des marchandises qu'enleverent les Portugaloys en troque; de la mode de naviger des Noirs de ce païs et de leurs rames......... 159

De la foy, maniere de vivre et de façon des habits d'iceux. . 163

Des élephans qui se trouvent en ce païs; par quel moyen on leur donne la chasse; de la longueur de leurs dens, et forme du pied d'iceux................ 166

D'aucuns fleuves qui furent decouvers, du seigneur de Casamansa et autres choses. 171
D'un lieu nommé Cap rouge, et à quelle ocasion ; du ruisseau Sainte Anne, de celuy Saint Dominique, d'un autre fleuve et de la marée de ce païs, qui monte et dévale. 175
Des deux grandes îles et autres petites. 180

NAVIGATION DU CAPITAINE PIERRE DE SINTRE, PORTUGAIS ; ECRITE PAR MESSER ALOUYS DE CADEMOSTE.

Du ruisseau de Besegue ; d'un lieu nommé Cap de Verga, et de la qualité de cette côte. 181
D'un lieu appelé le cap de Sagres ; de la foi, coutumes de vivre et de la maniere de voguer des habitants d'iceluy. . . . 184
Du ruisseau de Saint-Vincent ; du fleuve Vert ; du cap Liedo, et autres choses. 187
Du cap Rouge ; de celui de Sainte-Anne ; de la qualité de cette côte, et autres choses. 189
Du fleuve des Palmes, et autres choses. 191
INDEX ALPHABÉTIQUE. 195
TABLE DES MATIÈRES. 203

CHARTRES. — IMPRIMERIE DURAND, RUE FULBERT.

ERNEST LEROUX, ÉDITEUR
RUE BONAPARTE, 28

BIBLIOTHÈQUE DE VOYAGES ANCIENS

TOME SECOND

VASCO DE GAMA

Navigation de Vasque de Gamme, chef de l'armée du roi de Portugal en l'an 1497, écrite par un gentilhomme florentin qui se trouva de retour à Lisbonne avec ladite armée. Publié par M. Ch. SCHEFER, de l'Institut.
Un volume pet. in-8. *(Sous presse.)*

VIENT DE PARAITRE :

LE VOYAGE DE LA TERRE SAINTE

Composé par Messire DENIS POSSOT et achevé par Messire CHARLES-PHILIPPE, seigneur de Champermoy et Grandchamp, procureur du très puissant seigneur Messire Robert de la Marck (1532). Publié par Ch. SCHEFER, de l'Institut. In-8, avec planches. . . . . 30 fr.
Le même, sur papier de Hollande. . . . . . 40 fr.

LE VOYAGE D'OUTREMER DE BERTRANDON DE LA BROQUIÈRE

Premier écuyer tranchant et conseiller de Philippe le Bon, duc de Bourgogne. Publié et annoté par Ch. SCHEFER, membre de l'Institut. In-8, avec planches. . . . 30 fr.
Le même, sur papier de Hollande. . . . . 40 fr.

LÉON L'AFRICAIN

Description de l'Afrique, tierce partie du monde. Nouvelle édition publiée et annotée par Ch. SCHEFER, membre de l'Institut. 3 volumes in-8. *(Sous presse.)*

Chartres. — Imprimerie DURAND, rue Fulbert.